统计质量控制

主　编：李存荣

副主编：龚静雯

参　编：张　峰　　唐红涛　　王清怡

　　　　林谭奇　　彭子原　　余　启

　　　　杨楷模　　孙国泰　　李学范

　　　　卓锦好　　汤　琪

武汉理工大学出版社

图书在版编目(CIP)数据

统计质量控制 / 李存荣主编. -- 武汉：武汉理工大学出版社，2025.4 -- ISBN 978-7-5629-7272-3

Ⅰ.F406.3

中国国家版本馆 CIP 数据核字第 2024R4D734 号

武汉理工大学本科教材建设专项基金项目

| 项目负责人:刘 凯 | 责任编辑:刘 凯 |
| 责 任 校 对:赵星星 | 版面设计:兴和设计 |

出版发行:武汉理工大学出版社

网　　　址:http://www.wutp.com.cn

地　　　址:武汉市洪山区珞狮路 122 号

邮　　　编:430070

印　　　刷:武汉邮科印务有限公司

经　　　销:各地新华书店

开　　　本:787mm×1092mm　1/16

印　　　张:8

字　　　数:185 千字

版　　　次:2025 年 4 月第 1 版

印　　　次:2025 年 4 月第 1 次印刷

定　　　价:29.90 元

前　　言

在全球化竞争日益激烈的今天,质量管理已经成为企业和组织生存与发展的核心要素。无论是制造业的精密产品,还是服务业的细致体验,质量的优劣直接关系到消费者的满意度和企业的竞争力。统计质量控制作为质量管理的重要分支,以其科学性和有效性,逐渐受到越来越多企业和组织的青睐。

统计质量控制不仅是对产品或服务质量的简单检测与评估,更是一种深度的、系统的质量提升方法。它借助统计学这一强大工具,通过对数据的收集、整理、分析和解释,帮助我们洞察生产或服务过程中的质量波动,揭示质量问题的根源,预测质量趋势,为质量管理决策提供科学依据。

然而,统计质量控制并非易事。它需要企业和组织具备扎实的统计理论基础,掌握先进的统计方法和技术,同时还需要建立起完善的数据收集、分析和应用体系。因此,对于想要实施统计质量控制的企业和组织来说,不仅需要加强对统计人才的培养和引进,还需要不断探索和创新统计质量控制的实践模式。

本书旨在系统介绍统计质量控制的基本理论、方法和应用,帮助读者深入理解统计质量控制的核心理念和实践技巧。本书也注重理论与实践的结合,通过案例分析、实战演练等方式,让读者能够更好地掌握统计质量控制的实际操作技能。同时,本书还提供相关电子资源供读者学习、使用,读者可点击以下链接(http://116.140.205.193:88)获取。此内容仅供学习研究之用,不得用作商业用途。

本书可作为工业工程专业学生的学习教科书,亦可作为本专业爱好者的参考用书。希望通过本书,读者能够更好地理解和应用统计质量控制,为企业和组织的质量提升和可持续发展贡献自己的力量。

李存荣

2024 年 8 月

目　　录

0 绪 论

统计质量控制是质量管理领域的一个重要分支,它主要运用统计学的原理和方法,对生产或服务过程中的数据进行收集、整理、分析和解释,以揭示质量问题的本质和规律,进而提出改进措施,优化生产或服务流程,提高产品或服务的质量水平。

统计质量控制的概念最早可以追溯到 20 世纪初期,美国工程师休哈特(Walter A. She-whart)被认为是统计质量控制的奠基人。休哈特在 1924 年发明了控制图(Control Chart),用于分析和控制生产过程中的质量波动,提出了通过数据分析来区分自然波动和特殊原因波动的思想。这一思想的提出标志着质量管理从事后检测向过程控制的转变。

二战期间,质量控制技术广泛用于军工生产,美国质量管理专家戴明(W. Edwards Deming)将统计质量控制的思想传播到日本,推动了日本制造业的质量提升。20 世纪 50 年代,戴明与朱兰(Joseph M. Juran)等专家深入参与日本的工业质量改进工作,推动了统计质量控制在全球的推广,日本企业形成了以"持续改进(Kaizen)"为核心的质量管理文化。

20 世纪 60 至 80 年代,统计质量控制融入全面质量管理(TQM)的理念,强调全企业参与的质量管理。通过持续改进和精益生产(Lean Production),企业逐步实现了高质量和高效率的生产管理。20 世纪 90 年代,六西格玛(Six Sigma)管理方法的提出使统计质量控制进一步系统化。进入 21 世纪,统计质量控制与大数据、物联网等技术相结合,通过更复杂的分析手段实现实时监控和预测,使质量管理更为智能和高效。

统计质量控制是基于统计学理论的科学方法,通过对数据的深度挖掘和分析,使管理人员准确了解生产或服务过程中的质量状况,发现潜在的质量问题,预测质量趋势,为决策提供科学依据。同时,统计质量控制也强调持续改进,通过不断地收集和分析数据,不断优化生产或服务流程,实现质量的持续提升。本书主要介绍了以下几个关键的统计学原理和工具:

第 1 章介绍了质量管理中常用的新旧七种工具及其具体运用案例。

第 2 章介绍了用于研究自变量与因变量之间关系的相关分析与回归分析。其中,相关分析用于衡量不同变量之间的关联程度,帮助识别关键影响因素;回归分析则通过建立自变量与质量特性之间的关系模型,帮助预测和控制产品质量,优化生产条件。

第 3 章介绍了多种类型的控制图,包括 X-R 控制图、计数值控制图等。由休哈特发明的控制图是统计质量控制最具代表性的方法之一,其通过监测质量特性值的波动情况,判断过程是否处于受控状态,监控生产过程的稳定性。

第 4 章讨论了过程能力分析，旨在评估生产过程能否持续地满足产品质量要求。通过计算评估过程能力指数（如 C_p 和 C_{pk}），判断过程的输出是否处于标准范围内，从而了解过程的改进空间并采取相应的提升措施。

第 5 章的试验设计介绍了如何通过科学方法系统地规划试验，以有效分析多个因子对质量特性的影响。正交试验利用均衡和系统化的方法来设计试验，在有效减少试验次数的同时仍能获得关于多个因子对结果影响的重要信息。这种方法帮助企业以较低的成本和时间投入优化生产条件，从而提升产品质量和生产效率。多因子正交试验设计旨在同时考察多个因子及其交互作用对质量的影响，以确定哪些因子对质量有显著作用。

第 6 章介绍的抽样检验方法广泛用于质量检验环节，通过对产品或过程的一部分进行检测来判断整体质量水平。抽样检验不仅降低了检测成本，还提高了质量检验的效率。常见的抽样检验方法包括计数型和计量型抽样检验，它们分别针对不同类型的质量特性，帮助企业在资源有限的情况下进行有效的质量控制。

第 7 章的测量系统分析（MSA）强调测量过程的可靠性和精确性。通过分析测量系统的误差来源，可以确保数据的准确性，从而为统计质量控制的其他工具提供可靠的数据基础。MSA 对于保证质量管理决策的科学性具有重要意义。

第 8 章讨论了六西格玛管理和质量改进的理论与方法。六西格玛是一种基于统计学的质量管理方法，旨在减少过程中的变异以提升产品质量和客户满意度。DMAIC 方法论（定义、测量、分析、改进、控制）是实施六西格玛的重要步骤，通过系统性的质量改进活动，帮助企业在竞争激烈的环境中保持高水平的质量和效率。

这些统计学理论和方法共同构成了统计质量控制的理论基础，帮助企业和组织通过数据驱动的方式识别问题、分析根因、制定改进措施。

在现代社会，随着市场竞争的加剧和消费者需求的多样化，企业和组织对于质量管理的要求也越来越高。统计质量控制作为一种科学、有效的质量管理方法，已经广泛应用于制造业、医疗卫生、服务业、教育等各个领域，成为推动企业和组织持续发展的重要力量，如汽车制造商使用 SQC 来监控生产过程中关键部件的尺寸，确保它们符合规定；医院实施 SQC 来跟踪不同部门的感染率，使他们能够识别问题所属领域并实施有针对性的干预措施，以提高患者安全；呼叫中心使用 SQC 技术分析客户满意度调查问卷结果，以识别重复出现的问题并进行流程改进，从而提高客户忠诚度和保留率等。

统计质量控制并非一蹴而就的过程，它需要企业和组织具备相应的统计知识和技能，同时也需要它们建立起完善的数据收集和分析系统。因此，对于企业和组织来说，要想成功实施统计质量控制，必须注重对统计人才的培养，加强数据管理和分析能力的提升，以应对日益复杂多变的市场环境。

总之，统计质量控制是一种科学、有效的质量管理方法，能够帮助企业和组织提高产品或服务的质量水平，增强市场竞争力，实现可持续发展。在未来，随着科技的不断进步和市场的不断变化，统计质量控制将继续发挥重要作用，为企业和组织的发展提供有力支持。

1 质量管理常用工具

"朱兰三部曲"理论将管理过程分为三个步骤:计划、控制和改进,但更合理和有效的管理方式往往是在质量改进过程中被挖掘出来的。为了更好地进行质量改进,正确运用科学统计工具,进行数据分析尤为重要。

本章将结合实例来介绍质量改进常用的新老七种工具的含义、作用及其应用等问题。

1.1 分层法

引起质量波动的原因往往是多种多样的,在进行质量因素分析时,为了将杂乱无章和错综复杂的数据分开,需要一种数据分析工具,根据数据的特征,如何人、何地、何法、何时、何种设备等,将收集来的原始质量数据划分为若干组,划分的组称为层,分层可以找出尽可能多的规律性信息,使数据各层间的差异突出地显示出来,减少层内的数据差异。在此基础上再进行层间、层内的分析观察,可以更深入地发现和认识产生质量问题的原因。

数据分层可根据实际情况按多种方式进行。例如,按不同时间、不同班次进行分层,按使用设备的种类进行分层,按原材料的进料时间、成分进行分层,按检查手段、使用条件进行分层,按不同缺陷项目进行分层,等等。分层原则是使同一层次内的数据波动幅度尽可能小,而层与层之间的差别尽可能大,以达到归类作用。一般不同的目的采用不同的分层标志,基于不同的分层标志,有多种分层方法,数据一般可按以下标志分层:

①人员。可按年龄、工级和性别等分层。

②机器。可按设备类型、新旧程度、不同的生产线和工夹具类型等分层。

③材料。可按产地、批号、制造厂、规格、成分等分层。

④方法。可按不同的工艺要求、操作参数、操作方法、生产速度等分层。

⑤测量。可按测量设备、测量方法、测量人员、测量取样方法和环境条件等分层。

⑥时间。可按不同的班次、日期等分层。

⑦工作环境。可按照明度、清洁度、温度、湿度等分层。

⑧意见观点和想法。可按性质、内容等分层。

⑨其他。可按地区、使用条件、缺陷部位、缺陷内容等分层。

在质量控制过程中,分层法通常不是单独使用的,而是和排列图、直方图、检查表等其他工具结合在一起使用,进而寻找影响质量的主次因素,分析影响质量的原因。

[例1.1] 某产品的汽缸体与汽缸盖之间经常发生漏油现象,试使用分层法分析其主要

原因。

通过现场调查发现漏油的主要原因是密封不好。该装配工序是由刘师傅、王师傅、张师傅三个工人各自完成的,三个人涂黏结剂的方法不同,以及所使用的气缸垫分别来自 A 和 B 两个协作厂。

调查收集的数据如下:调查产品样本共 100 个,其中漏油的 38 个,漏油发生率 38%。

现采用分层法按操作者(表 1-1)和协作厂(表 1-2)分别整理数据。表 1-3 为操作者与协作厂联合分层数据。

表 1-1　按操作者分层数据

操作者	漏油数	不漏油数	漏油发生率/%
刘师傅	12	26	32
王师傅	6	18	25
张师傅	20	18	53
小计	38	62	38

表 1-2　按协作厂分层数据

协作厂	漏油数	不漏油数	漏油发生率/%
A 厂	18	28	39
B 厂	20	34	37
小计	38	62	38

表 1-3　操作者与协作厂联合分层数据

操作者	材料	工厂		合计
		A 厂	B 厂	
刘师傅	漏油数	12	0	12
	不漏油数	4	22	26
王师傅	漏油数	0	6	6
	不漏油数	10	8	18
张师傅	漏油数	6	14	20
	不漏油数	14	4	18
合计	漏油数	18	20	38
	不漏油数	28	34	62
小计		46	54	100

仅从表 1-1 和表 1-2 分别可知工人王师傅的操作方法的漏油发生率较低;B 厂的气缸垫漏油发生率较低。但如果采用王师傅的工作方法和 B 厂的气缸垫,由表 1-3 可知漏油发生率反而增大了,显然是因为没有考虑它们之间的关系。因此,在运用分层法时,有时不应该简单地使用单一分层法,而应采用综合分层法,考虑多因素的综合影响。

1.2　直方图法

1.2.1　直方图的含义

频数直方图又称质量分布图,它是把实际加工过程中测试得出的数据按一定的组距加以分组归类做出直方图,然后与产品设计的公差范围对比,判断生产过程是否稳定。直方图是用一系列宽度相等(表示数据范围的间隔)、高度不等(表示在给定间隔内的数据的数目)的长方形来表示。

直方图可以直观地显示质量波动的状态;较直观地传递有关过程质量状况的信息;客观地反映操作者的技术水平和主观努力程度。我们可以根据直方图研究质量数据波动状况,掌握过程状况,从而确定在什么地方进行质量改进工作。

1.2.2 直方图的绘制

1. 直方图的专用名词

①极差,一般用 R 表示。其值为收集数据中的最大值与最小值之差,也就是所有数据从最小到最大跨度的区间,它通常用于表示不分组数据的离散度。

②组数,一般用 k 表示。对于所研究的数据进行分组,分组的个数就是该直方图的组数。

③组距,一般用 h 表示。先确定直方图的组数,用组数除以极差,即组距。组距表示的是所分成组的跨度区间,在图上体现的则是柱子的宽度,且所有的组距都是相等的。

④一个组的起始点称为下组界,一个组的末点称为上组界,而中心点则处于本组最小值与最大值的平均值的地方,即最大值到最小值的中心。

2. 直方图的制作步骤

现以一例对直方图的绘制步骤加以说明。

[例1.2] 某厂生产一零件,技术标准为 $180\pm20mm$,经抽样得 100 个数据如表1-4。

表1-4 零件尺寸统计表

	尺寸(mm)									
零件 样本	162	170	168	171	173	176	172	178	175	179
	164	176	185	197	180	178	174	191	181	180
	174	188	175	182	173	181	180	179	183	189
	166	191	181	192	189	173	187	180	179	180
	166	172	193	180	178	180	177	195	178	186
	167	181	180	178	183	190	177	177	180	181
	167	188	179	194	177	175	181	180	178	187
	168	183	184	176	186	176	180	184	182	181
	177	175	184	178	169	170	185	165	177	170
	169	174	171	172	185	171	178	182	171	183
最大值	177	191	193	197	189	190	187	191	183	189
最小值	162	170	168	171	169	170	172	165	171	170

①收集数据,如抽取的样本数量过小,将会产生较大误差,可信度低,也就失去了统计的意义。因此,样本数不应少于 50 个。

直方图的效果与区间分组数的选择关系密切,通常根据组数选用表(表1-5)确定,本例取 $k=10$,将全部100个数组分成10个等间隔组。

表1-5 组数选用表

数据数量(n)	组数(k)	常用分组数
50~100	5~10	
100~250	7~12	10
250 以上	10~20	

$$极差 R = 最大值 X_{max} - 最小值 X_{min} = 197 - 162 = 35(mm)$$

$$h = R/k = \frac{35}{10} = 3.5 \approx 4(mm)$$

②确定各组的组界限值。为了使数据值不与组的组界限值重合,组的组界限值的单位取测量单位的 $1/2$,即:

第一组的下组界限值=最小值-测量单位的 $\dfrac{1}{2}$

第一组的上组界限值=第一组的下组界限值 $+h$

由此,可以得本例各组界限值:

第一组的下组界限值=最小值 X_{min} -测量单位的 $\dfrac{1}{2}$ $=162-\dfrac{1}{2}=161.5(mm)$

第一组的上组界限值=第一组的下组界限值 $+h=161.5+4=165.5(mm)$

第二组的下组界限值=第一组的上组界限值

第二组的上组界限值=第一组的下组界限值 $+h$

……

以此类推,直至使最大值也包括进去为止。

③计算各组的中心值 X_i。计算公式为:

$$X_i = \frac{每组下组界限值 + 每组上组界限值}{2}$$

④编制频数分布表(表1-6)。

表1-6 频数分布表

组号	组距/mm	频数	中心值
1	160~164	1	162
2	164~168	6	166
3	168~172	11	170
4	172~176	13	174
5	176~180	22	178
6	180~184	25	182
7	184~188	10	186
8	188~192	6	190
9	192~196	5	194
10	196~200	1	198

⑤计算平均值和标准偏差。

$$\overline{X} = \frac{\sum X_i}{N} = \frac{17863}{100} = 178.63(\text{mm})$$

$$S = \sqrt{\frac{\sum (X_i - \overline{X})^2}{n}} = 11.49$$

⑥画直方图(图 1-1)。

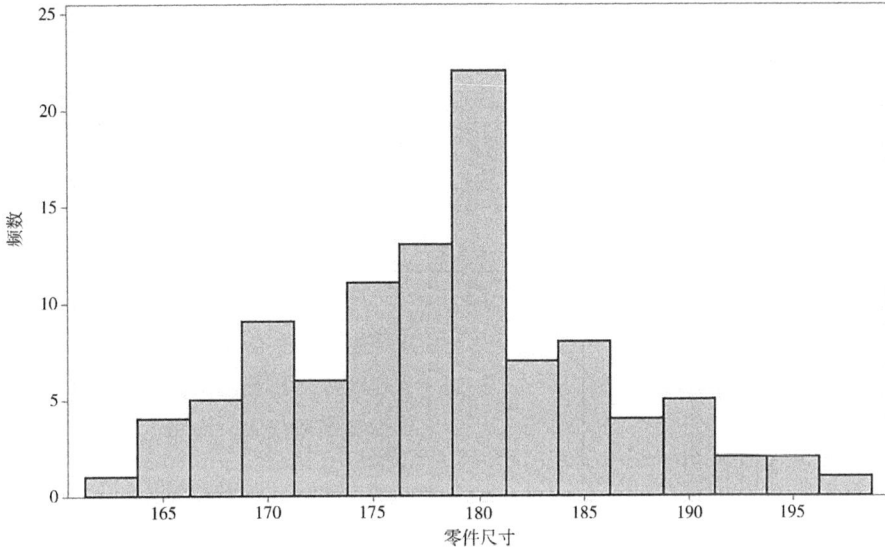

图 1-1　直方图

3.常见的直方图

形状观察分析是指将绘制好的直方图形状与正态分布图的形状进行观察和比较分析。一般情况下,直方图多少有点参差不齐,我们主要从整体上观察其形态,一看形状是否相似,二看分布区间的宽窄。直方图的分布形状及分布区间的宽窄是由质量特性统计数据的平均值 $\overline{X}$ 和标准偏差 S 决定的。

常见的直方图类型如图 1-2 所示。

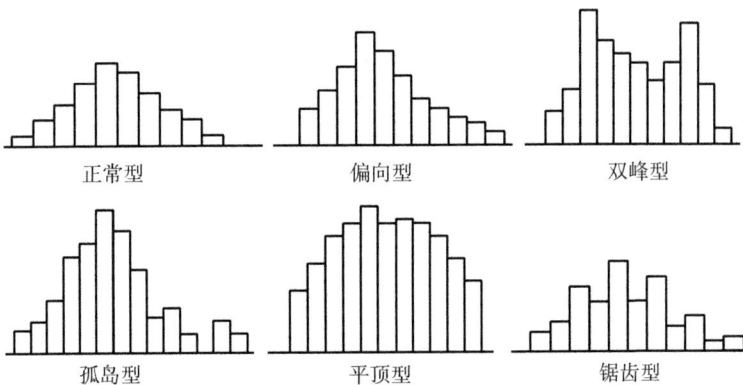

正常型　　　偏向型　　　双峰型

孤岛型　　　平顶型　　　锯齿型

图 1-2　常见的直方图类型

4. 与标准比较的常见直方图

当直方图为正常型时,说明工序此时处于稳定状态,但仍需要进一步将直方图同公差(即规格界限)进行比较,来分析判断工序满足标准要求的程度。与标准比较的常见直方图如表 1-7 所示。

表 1-7　与标准比较的常见直方图类型

类型	直方图	说明
理想型直方图		图形对称分布,样本分布中心与公差中心 M 近似重合,且分布在公差范围内,两边有一定的余量,为理想状态,应保持状态水平并加以监督
偏心型直方图		样本分布中心与公差中心 M 有较大的偏差,在这种情况下,稍有不慎就会出现不合格品。因此需要调整样本分布中心与公差中心 M 近似重合
无富余型直方图		虽然样本分布中心与公差中心 M 近似重合,但是两边与规格的上、下组界紧密相连,没有余地,表明过程能力已经到达了极限,容易出现失控不合格现象。因此需采取措施,通过提高过程能力来减少标准偏差 S
能力富余型直方图		样本分布中心虽然与公差中心 M 近似一致,但其两边与规格的上、下组界仍然有很大距离,说明工序能力过剩,经济性差。因此,可考虑改变工艺,放宽加工精度或减少检验频次,以降低成本
右超限直方图		样本中心与公差中心 M 近似重合,但是其分布已经超出了规格的上、下组界,说明不合格品已经出现,因此要提高加工精度,减小标准偏差 S 或放宽过严的公差范围

类型	直方图	说明
左超限直方图		首先,应先调整分布中心使之与公差中心 M 近似重合,若此时不合格品消失,说明不合格主要是由某个系统原因造成的;但如果仍有不合格品,则说明过程能力严重不足导致样本分散程度过大,因此需继续提高加工精度,减小标准偏差 S

当直方图满足公差要求时,可以不调整,必要的情况下采取措施减少波动;直方图不满足公差要求时,应尽快采取措施,使平均值尽可能接近规格的中间值,同时减少波动。

1.3 排列图法

1.3.1 排列图的含义及作用

排列图建立在帕累托原理的基础上。帕累托原理即意大利经济学家帕累托提出的"关键的少数和次要的多数"原理。美国质量管理学家朱兰最先把这一原理应用到质量改进活动之中。排列图法就是将影响工程质量的各种因素,按照出现的频数从大到小排列在横坐标上,并画出对应的变化曲线的分析方法。

排列图由两个纵坐标、一个横坐标、若干个直方图形和一条曲线组成。其中,左边的纵坐标表示频数,右边的纵坐标表示频率;横坐标表示影响质量的各种因素;若干个直方图形分别表示质量影响因素的项目,直方图形的高度则表示影响因素的大小程度,按从大到小的顺序由左向右排列;曲线表示各影响因素大小的累计百分数,这条曲线称为帕累托曲线。

制作排列图有两个主要作用:一是可以按照重要顺序显示出每个质量改进项目对整体产品质量的影响和作用;二是找出"关键的少数",抓住关键问题,从而识别质量改进的机会。

1.3.2 排列图的绘制

①确定进行质量分析的项目,如例 1.3 研究铸件加工厂一定时期内的质量不合格项目。

②搜集影响问题的项目数据,并将相同项目归类,统计各类项目的出现频次。

③按频数由大到小排列各类项目,以直方图形表示在横轴上,高度即为频数。当不合格项目数超过 7 项时,应把频数排在后面的一个或几个项目合并成"其他"项。

④计算每个项目占总项目的百分比。

⑤计算累计比率,画出累计频数曲线,以表示各项目的累计作用。

⑥利用排列图,找到关键的少数,确定对质量改进最重要的项目。

[例 1.3] 某铸件加工厂收集了一定时期内质量不合格项目的统计数据,如表 1-8 所示,请制作排列图。

表 1-8　铸件不合格项目统计表

不合格项目	弯曲	裂纹	砂眼	断裂	污染	擦伤	其他
频数	102	3	20	9	6	43	17

①对不合格项目按其频数由大到小排序。

②计算累计不合格数。

③计算累计不合格率,如表 1-9 所示。

表 1-9　铸件不合格项目统计表

序号	不合格类型	频数/件	累计频数/件	累计频率/%
1	弯曲	102	102	51
2	擦伤	43	145	72.5
3	砂眼	20	165	82.5
4	断裂	9	174	87.0
5	污染	6	180	90.0
6	裂纹	3	183	91.5
7	其他	17	200	100

④绘制。以项目发生频数逐级递减的顺序在横坐标上列出,左纵坐标表示频数,右纵坐标表示累计频率,如图 1-3 所示。

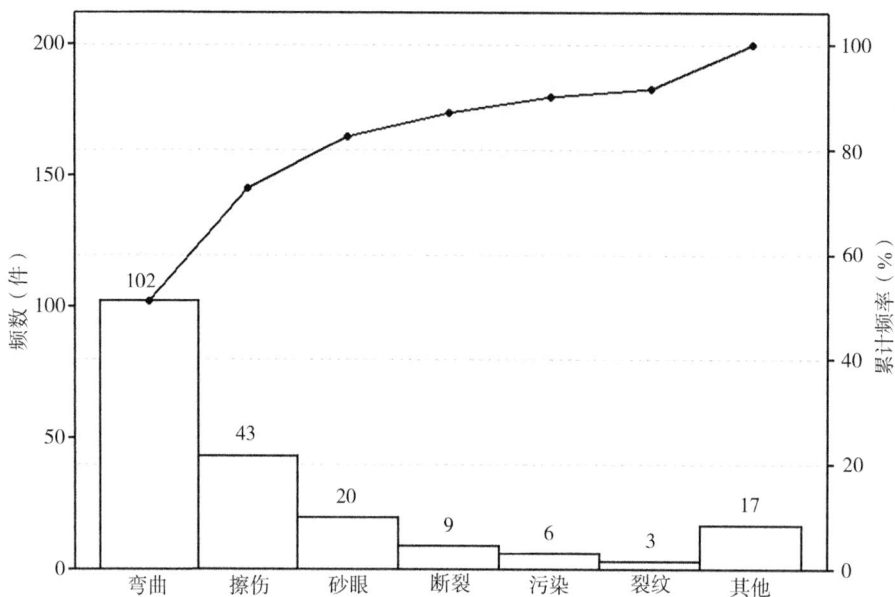

图 1-3　铸件质量不合格排列图

制作排列图时应注意,分类方法不同,得到的排列图不同。以不同的角度观察问题,需要运用不同的分类方法进行分类,以确定"关键的少数",这也是排列图分析方法的目的。如果"其他"项所占的比重很大或数量很多,则分类是不够理想的。之所以出现这种情况,是因为调查的项目分类不当,把许多项目归在了一起,这时应考虑采用其他的分类方法。

1.3.3 ABC分类法

排列图通常利用ABC分类法来确定主次因素,寻找影响产品质量的关键问题。在ABC分析法的排列图中,曲线表示各种影响因素大小的累计百分数。一般地,累计百分比将影响因素分为三类:

A类因素,发生累计频率为0%～80%,是主要因素。

B类因素,发生累计频率为80%～90%,是次要因素。

C类因素,发生累计频率为90%～100%,是一般因素。

1.4 调查表法

调查表法是利用统计表进行数据整理和粗略原因分析的一种方法,也叫统计分析表法。统计分析表法是最基本的质量原因分析方法,也是最常用的方法。在实际工作中,经常把统计分析表法和分层法结合起来使用,这样可以把可能影响质量的原因调查得更为清楚。需要注意的是,统计分析表法必须针对具体的产品,设计出专用的调查表进行调查和分析。

下面将介绍几种常用的调查表。

1.缺陷位置调查表

许多产品常常存在气孔、砂眼、脉纹、脏污等与位置有关的外观质量问题,缺陷位置调查表可以对产品的各个部位缺陷情况进行调查,当产品存在某种缺陷时,可以用不同的符号在发生缺陷部位上标出,以此分析出缺陷发生的部位和密集程度。例如,表1-10和图1-4分别是某公司的汽车发动机浇铸质量调查表和缺陷位置标志。

表 1-10 汽车发动机浇铸质量调查表

型号	发动机	检查部位	缸体缸盖
工序	××	监察人	×××
检查目的	发现浇铸缺陷	检查件数	674

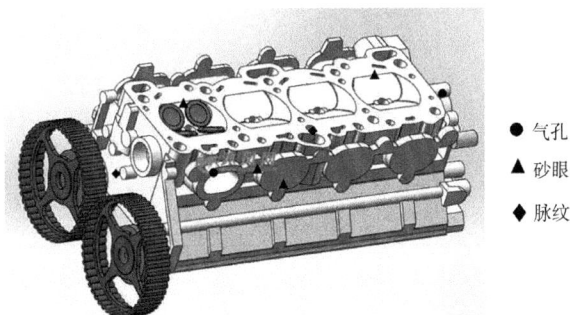

● 气孔

▲ 砂眼

◆ 脉纹

图 1-4 汽车发动机缺陷位置标志

2. 不良项目调查表

不良项目调查表主要用于调查分析产品生产过程当中的质量不合格项目和各个不合格项目的占比。以某汽车发动机缸体的生产为例,共抽样检查了 100000 件产品,统计分析不合格项目,如表 1-11 所示。

表 1-11 缸体外观不合格项目调查表

批次	产品	抽样数	不合格品数/件	不合格品率/%	外观不合格项目		
					气孔	砂眼	脉纹
1	缸体	500	2	0.4	1	1	
2	缸体	500	5	1	2	1	2
3	缸体	500	3	0.6		3	
4	缸体	500	6	1.2	3	1	2
5	缸体	500	3	0.6	1		2
⋮	⋮	⋮	⋮	⋮	⋮	⋮	⋮
200	缸体	500	4	0.8	2	2	
合计		100000	800	0.8	462	246	92

3. 矩阵调查表

矩阵调查表是一种多因素调查表,它要求把产生问题的对应因素分别排成行和列,在其交叉点上标出调查到的各种缺陷、问题以及数量,如表 1-12 所示。

表 1-12 矩阵调查表

设备	人员	周一		周二		周三		周四		周五		周六		合计
		上午	下午	上午	下午	上午	下午	上午	下午	上午	下午	上午	下午	
1#	刘师傅	▲ ▲ ■	● ● ■ ● ▲	…	…	…	…	…	…	…	…	…	…	41
2#	王师傅	■ ■ ▲	● ●	…	…	…	…	…	…	…	…	…	…	37

缺陷符号:■—气孔;●—砂眼;▲—脉纹。

4. 操作检查表

此处以汽车生产制造过程当中的灯光信号与音控系统及刹车系统的检验为例,介绍某些重要工序的工作人员严格遵守规则从而保证加工质量的操作检查表,如表 1-13 所示。

表 1-13 操作检查表

检查项目	序号	规范及标准	检查结果		现场检查记录及修改情况
			合格	不合格	
灯光信号与音控系统	1	大灯照明正常,光束平行均匀			
	2	小灯照明正常			
	3	刹车灯照明有效			
	4	方向灯指示正常			
	5	蓄电池电解液液位正常且链接端了可靠,不松动			
	6	倒车灯指示正常			
刹车系统	1	总泵贮液正常,制动软管无破裂、无漏油、气阻现象			
	2	管路无空气,制动管路无渗油			
	3	轮胎左右气压正常,制动摩擦片接触良好,无污油			
	4	车轮制动器工作可靠有效,回油孔不堵塞			
	5	动作可靠,有效			
	6	手刹制动有效,可靠			

1.5 因果图法

因果图又称石川图、鱼骨图,最早由日本东京大学教授石川馨提出,形状酷似鱼的骨骼。它表示质量特性波动与其潜在原因的关系,是表达和分析因果关系的一种分析工具,运用因果图可以找到问题的关键所在,然后对症下药,解决质量问题。因果图在质量管理活动中,尤其是在 QC 小组、质量分析和质量改进活动中有着广泛的运用。

1.因果图的基本构成

因果图是由特性结果、原因和枝干三部分组成。首先需要找出影响质量问题的大原因,然后从影响质量问题的大原因中寻找背后的中原因,再进一步从中原因中找出影响质量问题的小原因,依次下去。图 1-5 是因果图的基本格式。

影响产品质量特性的原因,一般应从人、机器设备、材料、方法、环境、测量(又称为5M1E)这六大原因来分析查找,再依次寻找中原因、小原因、更小原因,逐步深入排查可能原因,查明主要的直接原因,找到对应的解决问题的措施为止。通过因果图,我们可以分析因果关系、表达因果关系,通过识别症状、分析原因、寻找措施,促进问题解决。图 1-6 所示为某汽车零件制造过程中公差超过规范的因果分析图。

2.运用因果图时应注意的问题

①建立因果图时必须通过有效的方法,比如头脑风暴法,充分发扬民主,畅所欲言,集思

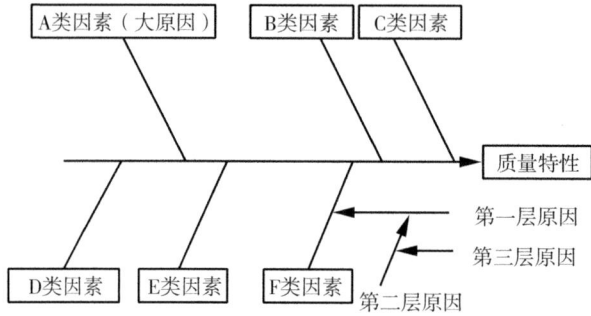

图 1-5 因果图的构成

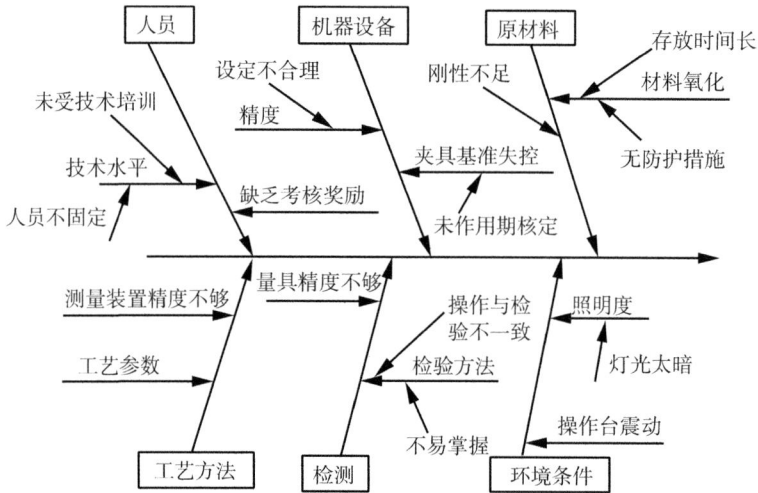

图 1-6 某零件产品的因果图

广益,把每个人的意见都记录下来。

②确定需要分析的质量问题不能笼统,要具体。一张因果图分析一个主要质量问题,即因果图只能用于单一目标研究,如零件公差过大超出规范,而不能用一个因果图分析两个或更多个不合格项目。

③因果图的层次要分明,最高层次的原因应寻求到可以采取针对性的措施为止,从而解决问题。

④主要原因一定是在末端(最高层次)因素上,而不是在中间层次上。

⑤因果图本身只能用于分析原因或建立假设,而是否为真正原因特别是要因,需要进行验证来确定,我们通常用排列图等方法来检验效果。

⑥将因果图与排列图、对策表结合起来运用,即我国企业所谓的"两图一表",会收到很好的效果。

1.6 对策表法

对策表也叫措施计划表,是针对产生质量问题的主要原因制定的应对措施计划表,从而有效改进产品的质量,可广泛运用于各种质量控制活动中。在运用对策表时,应首先使用排列图和因果图找出影响质量的主要原因,然后再找出解决产品质量问题的具体措施,并实施。对策表的内容通常包括:质量问题、对策、执行人、检查人、期限等。其基本格式如表1-14所示。

表1-14　对策表的基本格式

序号	质量问题	对策	执行人	检查人	期限	备注

对策表一般按照PDCA循环的四个阶段八个步骤进行。P(计划)阶段,内容包括分析现状,找出主要质量问题和产生的原因,制定对策或改进措施。随后,在D(执行)阶段落实这些对策,在C(检查)阶段评估实施效果,并在A(行动)阶段对下一轮改进做出调整和决策。对策表是D(执行)阶段的依据。

下面将以降低离心风机震动的问题为例来介绍对策表的应用。

为了解决离心风机震动过大的问题,应采取如下措施:定期组织轴承端盖装配培训,让员工能够掌握一流的装配技术等。当制定出对策表后,最为核心的是一定要有专门的工作人员负责实施各项措施,按照进度安排的要求,进行目标控制。这样就能够逐步解决离心风机震荡过大的问题(表1-15)。

表1-15　离心风机震动过大问题解决对策表

零件名称			工序名称		质量问题	震动过大
质量要求			使用设备		完成日期	

序号	影响因素	改进目标	对策措施	负责人	进度	效果
1	端盖轴承独立装配能力不够		①定期组织培训 ②开展"无差错"竞赛		×月×日 ×月×日	
2	奖罚不明		制定奖惩制度		×月×日	
3	轴承端盖轴向尺寸过大		在端盖与轴承座之间加0.85mm青壳纸片		×月×日	
4	叶片磨损严重不均		对叶片进行堆焊		×月×日	
5	叶轮端面变形		用三点法找叶轮的动平衡		×月×日	

1.7 散点图法

1.7.1 散点图的含义

在质量管理中,常常需要研究两个或多个变量之间的关系,其中有些是确定的函数关系,有些则是有关但不完全确定的关系,散点图经常用来分析研究两个变量是否存在相互关系,关系即为散点图的研究对象。散点图主要通过点阵的排布,发现其中的排布规律或特征,从而在把握质量问题的现状、设定改进目标、确定因果关系、验证改进的效果等方面起到重要作用。

散点图的常见类型如图 1-7 所示。

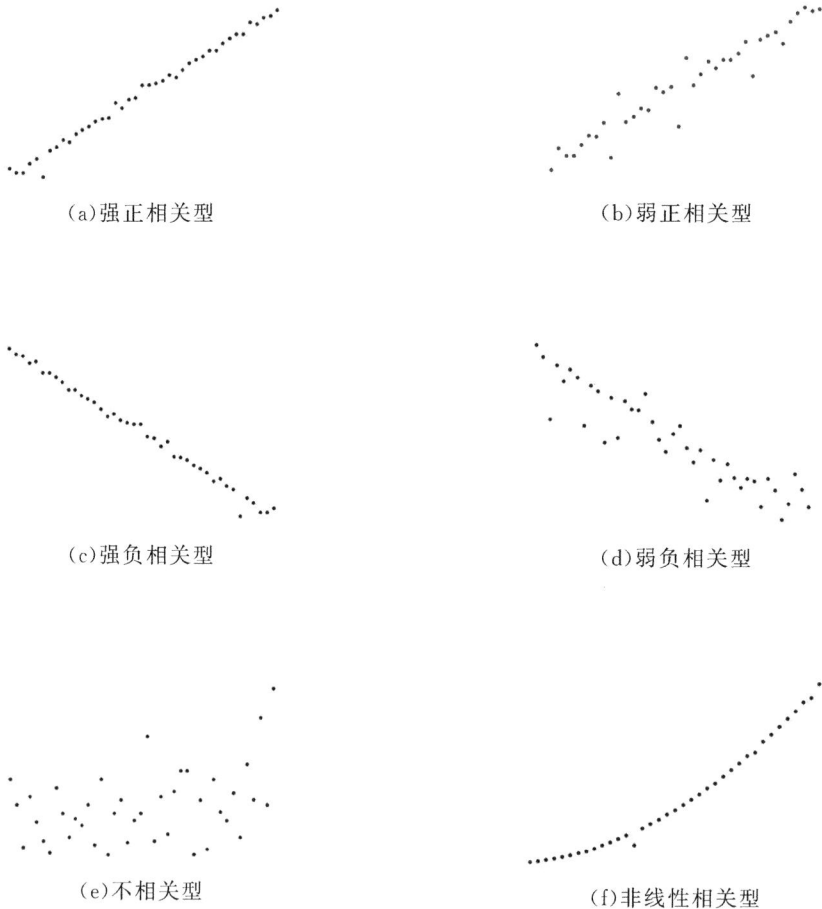

(a)强正相关型

(b)弱正相关型

(c)强负相关型

(d)弱负相关型

(e)不相关型

(f)非线性相关型

图 1-7 散点图的基本类型

1.7.2 散点图的绘制方法

①选定对象。

②收集一定数量(一般需 50～100 组)的相互对应的两组数据。

例如,用切割机切割钢料,切割机传送带速度影响切割长度,通过测试将所得到的数据列于表 1-16。

表 1-16 数据统计表

序号	传送带速度/ (cm·s^{-1})	切割长度/ mm	序号	传送带速度/ (cm·s^{-1})	切割长度/ mm
1	8.1	1046	26	8.0	1040
2	7.7	1030	27	5.5	1013
3	7.4	1039	28	6.9	1025
4	5.8	1027	29	7.0	1020
5	7.6	1028	30	7.5	1022
6	6.8	1025	31	6.7	1020
7	7.9	1035	32	8.1	1035
8	6.3	1015	33	9.0	1052
9	7.0	1035	34	7.1	1021
10	8.0	1036	35	7.6	1024
11	8.0	1026	36	8.5	1029
12	8.0	1041	37	7.5	1015
13	7.2	1029	38	8.0	1030
14	6.0	1010	39	5.2	1010
15	6.3	1020	40	6.5	1025
16	6.7	1024	41	8.0	1031
17	8.2	1034	42	6.9	1030
18	8.1	1036	43	7.6	1034
19	6.6	1023	44	6.5	1034
20	6.5	1011	45	5.5	1020
21	8.5	1030	46	6.0	1025
22	7.4	1014	47	5.5	1023
23	7.2	1030	48	7.6	1028
24	5.6	1016	49	8.6	1020
25	6.3	1020	50	6.3	1026

③确定散点图纵、横坐标轴。

④将各组数据用坐标点标在坐标图上(图 1-8)。

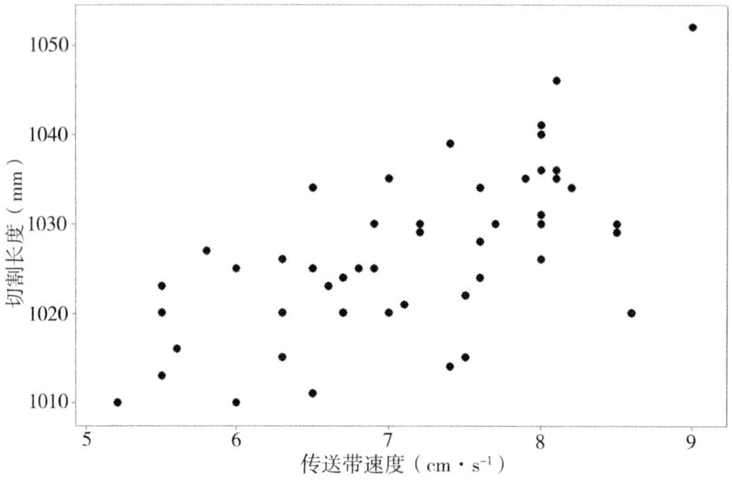

图 1-8　切割长度与传送带速度散点图

　　绘制散点图时应注意对数据进行正确的分层,否则可能做出错误的判断,在散点图中出现的个别明显偏离群体的数据应在查明原因后予以剔除。当收集的数据较多时,难免出现重复数据,为了将其表达出来,通常在点的右上方标明重复次数。

1.7.3　散点图的相关性分析

　　相关性分析是一种分析处理变量与变量之间相关程度的方法。运用散点图,可以定性地判断两随机变量之间是否相关,是正相关、负相关或无关。在相关性分析中,引入相关系数 r 定量表示两个随机变量 X 与 Y 之间的相关程度。

$$r = \frac{S(XY)}{\sqrt{S(XX)S(YY)}}$$

　　相关系数 r 的取值范围是 $[-1,1]$。如果相关系数的绝对值接近 1,则说明具有较强的线性相关关系。如果 r 大于 0 且接近 1,则变量之间呈正线性相关;如果 r 小于 0 且接近 -1,则变量之间呈负线性相关。

2 相关分析与回归分析

在这一章中,我们将介绍相关分析和回归分析的基本概念、原理和应用。相关分析是用来衡量两个或多个变量之间关系的统计方法,通过计算它们之间的相关系数来描述它们之间的相关性程度。而回归分析则是一种用来研究自变量和因变量之间关系的方法,它试图通过拟合一个数学模型来描述自变量对因变量的影响。

2.1 相关分析

2.1.1 相关分析概述

相关分析是研究两个或多个处于同等地位的随机变量间的相关关系的统计分析方法。例如,人的身高和体重之间的相关关系,空气中的相对湿度与降雨量之间的相关关系,都是相关分析研究的问题。

相关分析是通过计算相关系数来衡量两个或多个变量之间关系。因此,相关系数是相关分析的核心指标之一,用来描述变量之间的相关程度。相关系数是一个数值,表示变量之间的线性相关程度。它通常在−1到1之间取值,其中:

①当相关系数接近1时,表示变量之间存在较强的正线性关系,即一个变量增加时,另一个变量也增加,反之亦然;

②当相关系数接近−1时,表示变量之间存在较强的负线性关系,即一个变量增加时,另一个变量减少,反之亦然;

③当相关系数接近0时,表示变量之间几乎没有线性关系,即它们之间不存在线性关系。

本节将介绍两种最为常用的相关系数:皮尔逊相关系数和斯皮尔曼等级相关系数。它们可以衡量两个变量之间的相关性的大小,根据数据满足的不同条件,我们要选择不同的相关系数进行计算和分析。

2.1.2 Pearson 相关系数

皮尔逊相关系数(Pearson Correlation Coefficient),得名于卡尔·皮尔逊(Karl Pearson),它是从弗朗西斯·高尔顿在19世纪80年代提出的一个相似却又稍有不同的想法演变而来的,这个相关系数也被称作皮尔逊积矩相关系数(Pearson Product-Moment Correlation Coefficient)。皮尔逊相关系数通常用字母 r 表示,用于衡量两个随机变量之间的线性关系(或者说线性关联度)。

Pearson 相关系数的五大前提假设包括:

假设 1　两个变量都是连续变量。Pearson 相关系数主要用于分析连续变量之间的线性关系,因此要求两个变量都必须是连续变量。

假设 2　两个连续变量应当是配对的。这意味着每一对数据点都应该是从同一个体或同一对观测值中获得的,以确保数据的匹配性和相关性分析的有效性。

假设 3　两个连续变量之间存在线性关系。Pearson 相关系数只能衡量变量之间的线性关系,因此要求两个变量之间存在线性相关。这通常可以通过绘制散点图来检验。

假设 4　两个变量均没有明显的异常值。异常值可能会对 Pearson 相关系数产生较大影响,导致结果不准确。因此,在进行相关性分析之前,需要检查并处理可能存在的异常值。

假设 5　两个变量符合双变量正态分布。Pearson 相关系数假设两个变量的分布是正态的,或者是接近正态的。如果数据不符合正态分布,那么使用 Pearson 相关系数可能不准确,需要考虑使用其他方法。

如果有两组数据 $\boldsymbol{X} = \{X_1, X_2, X_3, \cdots, X_n\}$ 和 $\boldsymbol{Y} = \{Y_1, Y_2, Y_3, \cdots, Y_n\}$,则:

均值

$$\overline{X} = \frac{\sum X_i}{n}, \quad \overline{Y} = \frac{\sum Y_i}{n}$$

协方差

$$\mathrm{Cov}(X, Y) = \frac{\sum (X_i - \overline{X})(Y_i - \overline{Y})}{n-1}$$

Pearson 相关系数

$$r_{XY} = \frac{\mathrm{Cov}(X, Y)}{S_X S_Y}$$

式中,$S_X(sigmaX)$ 是 X 的标准差;$S_X = \sqrt{\dfrac{\sum (X_i - \overline{X})^2}{n-1}}$;$S_Y = \sqrt{\dfrac{\sum (Y_i - \overline{Y})^2}{n-1}}$。

当我们在评估两个变量之间的关系时,除了考虑样本相关系数的大小外,还需要进行假设检验来确定这种关系在统计上是否具有显著性。这意味着我们需要对样本相关系数进行标准化处理,以便将其与一个特定的理论值(通常是 $\rho = 0$,即两个变量之间不存在线性相关关系)进行比较。通过这种方法,我们可以计算出一个 ρ 值,用来评估观察到的样本的相关系数是由抽样误差引起的,还是代表了真实的总体相关性。

首先进行如下两个假设:

$H_0: \rho = 0$,两变量间无直线相关的关系;

$H_1: \rho \neq 0$,两变量间有直线相关的关系。

再使用 t 检验对 ρ 进行计算:

$$t = \frac{|r|}{S_r} = \frac{|r|}{\sqrt{\dfrac{1-r^2}{n-2}}}$$

$$v = n - 2$$

计算得到 t 值后,结合自由度 v,通过查阅 t 界值表,获得 ρ 值。

2.1.3 Spearman 等级相关系数

斯皮尔曼秩相关系数(Spearman Rank Correlation Coefficient),简称斯皮尔曼相关系数,是秩相关(Rank Correlation)的一种非参数度量(Nonparametric Measure)。得名于英国统计学家查尔斯·斯皮尔曼(Charles Spearman),通常记为希腊字母 ρ。

在讨论 Spearman 等级相关系数之前,首先要理解 Pearson 相关系数,Spearman 等级相关系数可以看作是 Pearson 相关系数的非参数版本。Pearson 相关系数是关于两个随机变量之间的线性关系强度的统计度量,而 Spearman 等级相关系数考察的是两者单调关系的强度,通俗地说就是两者在变大或变小的趋势上多大程度保持步调一致,哪怕没有保持比例关系。计算 Pearson 相关系数时使用的是数据样本值本身,而计算 Spearman 等级相关系数使用的是数据样本排位位次值(有时候数据本身就是位次值,若数据本身不是位次值,则在计算 Spearman 等级相关系数之前要先计算位次值)。

这里"非参数"有两层含义。首先,若 X 和 Y 的关系是由任意单调函数描述的,则它们是完全 Pearson 相关的。与此相应的,Pearson 相关系数只能给出由线性方程描述的 X 和 Y 的相关性。其次,Spearman 等级相关系数不需要先验知识,即除了数据本身不需要知道其他参数,如关于数据分布的先验信息等,便可以准确获取 X 和 Y 的采样概率分布之间的相关性。

其计算公式为:

$$\rho = \frac{\dfrac{1}{n}\sum \left[R(X_i) - \overline{R(X)}\right]\left[R(Y_i) - \overline{R(Y)}\right]}{\sqrt{\left\{\dfrac{1}{n}\sum \left[R(X_i) - \overline{R(X)}\right]^2\right\}\left\{\dfrac{1}{n}\sum \left[R(Y_i) - \overline{R(Y)}\right]^2\right\}}}$$

式中,$R(X_i)$ 和 $R(Y_i)$ 分别表示 X_i 和 Y_i 的位次;$\overline{R(X)}$ 和 $\overline{R(Y)}$ 分别表示平均位次。

更简单易行的计算公式为:

$$r_s = 1 - \frac{6\sum d_i^2}{n(n^2-1)}$$

式中,d_i 表示第 i 个数据对应的位次值之差;n 为总的观测样本数。

对于 Spearman 等级相关系数的假设检验,可以分为小样本和大样本两种情况。

当 $n < 30$ 时,视为小样本情况,直接通过查临界值表即可,当样本相关系数 $r \geqslant$ 表中的临界值,才能得出显著的结论。

当 $n \geqslant 30$ 时,视为大样本情况,可以通过构建统计量的方式进行假设检验,前人总结在该统计量条件下是符合正态分布的。因此当样本数量大于 30 的时候我们可以用如下的方法构建统计量,计算 ρ 值。

$$r_s\sqrt{n-1} \sim N(0,1)$$

在得到的 ρ 值中,如果 ρ 值大于 0.05,则没有显著性差异,也就是说没有理由认为显著性差异存在,即没有相关性;如果 ρ 值小于 0.05,则可以认为存在显著性差异。

2.1.4 案例分析

某医师测量了 15 名正常成年人的体重(kg)与 CT 双肾总体积(mL)大小,数据如表 2-1 所示。据此试分析两变量是否有关系?其方向与密切程度如何?

表 2-1 体重与双肾总体积表

编号	体重/kg	双肾总体积/mL
1	43	217.22
2	74	316.18
3	51	231.11
4	58	220.96
5	50	254.70
6	65	293.84
7	54	263.28
8	57	271.73
9	67	263.46
10	69	276.53
11	80	341.15
12	48	261.00
13	38	213.20
14	85	315.12
15	54	252.08

使用 Pearson 相关系数来评估两个定量数据之间的关系、方向和紧密程度。这种分析要求满足 5 个前提假设,其中假设 1 和假设 2 明显符合,因此只需验证假设 3 至假设 5。

(1)线性关系检验

变量之间的线性关系通常使用散点图进行检验。

从散点图 2-1 可以观察到,体重和双肾总体积之间呈现出明显的线性关系:随着体重的增加,双肾总体积也呈现增加趋势。因此,这两个变量符合假设 3,存在线性关系。除了用于检测线性关系,散点图还可用于发现异常值,但对异常值的判断存在较强的主观性。例如,图 2-1 中的点,很难准确判断其是否为异常值。而 Pearson 相关系数容易受异常值的影响,因此可以选择其他方法来检测异常值,比如箱线图(图 2-2)。使用箱线图可以直观识别数据

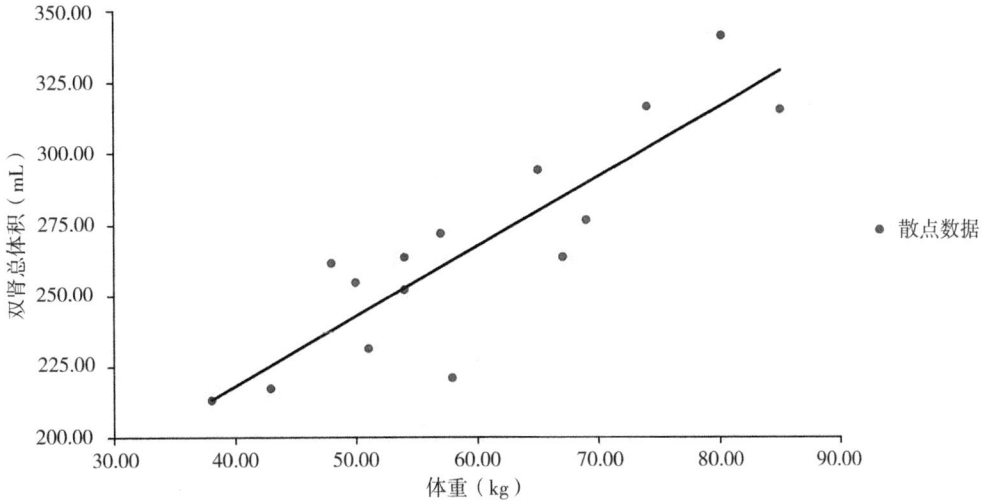

图 2-1 体重和双肾总体积散点图

的异常值,箱线图由 5 个点构成,分别是最大观察值、25%分位数(Q_1)、中位数、75%分位数(Q_3)、最大观察值,最大观察值和最小观察值的定义如下:

$$最大观察值 = Q_3 + 1.5IQR, IQR = Q_3 - Q_1$$
$$最小观察值 = Q_1 - 1.5IQR, IQR = Q_3 - Q_1$$

如果数据存在异常值——大于最大观察值或小于最小观察值,将该点以"原点"形式进行展示。

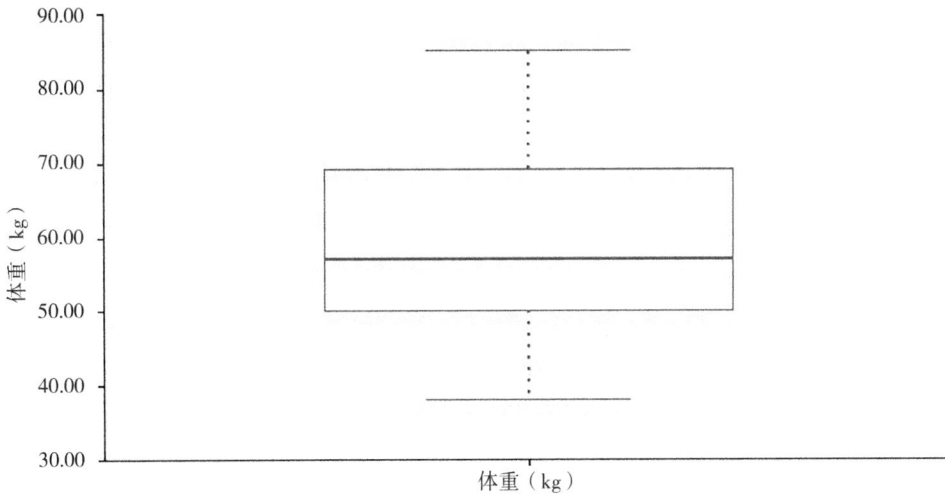

(a)

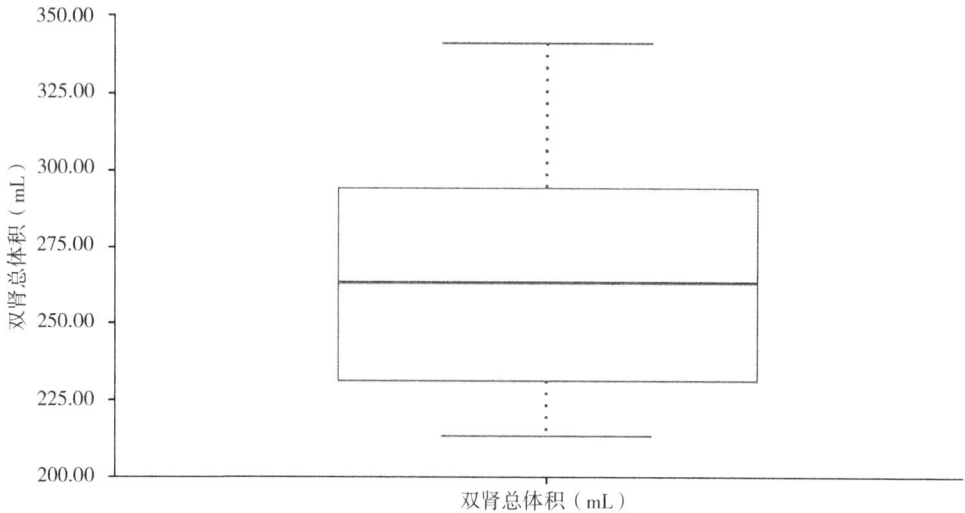

（b）

图 2-2　体重和双肾总体积箱线图

从箱线图可以看出，体重和双肾总体积两变量均不存在异常值，满足假设 4。若存在异常值，可以通过异常值汇总表（表 2-2），查看具体异常值个数以及异常值数字，对异常值进行删除等操作。

表 2-2　异常值汇总表

项	IQR 值	$Q_1-1.5IQR$	$Q_3+1.5IQR$	异常值个数	具体异常值数字
双肾总体积/mL	62.73	137.015	387.935	0	无异常值
体重/kg	19.000	21.500	97.500	0	无异常值

（2）正态性检验

两变量均需要满足正态性，正态性可以使用多种方式进行检验，比如直方图、P－P 图/Q－Q 图、峰度/偏度、正态性检验等。本案例选择正态性检验（表 2-3）。

表 2-3　正态性检验结果分析表

名称	样本量	平均值	标准差	偏度	峰度	Kolmogorov-Smirnov 检验		Shapiro-Wik 检验	
						统计量 D 值	p	统计量 W 值	p
体重/kg	15	59.533	13.511	0.39	−0.555	0.145	0.537	0.97	0.865
双肾总体积/mL	15	266.104	38.051	0.426	−0.433	0.128	0.734	0.95	0.528

* $p<0.05$ ** $p<0.01$

从表 2-3 可以得知，针对体重和双肾总体积进行了正态性检验，样本量为 15，因此使用了 Shapiro-Wilk 正态性检验。具体而言，体重和双肾总体积的正态性检验结果显示对应的 p 值均大于 0.05，未显示出显著性，这表明两个变量均符合正态分布的条件，符合假设 5。

综上所述,本案例数据满足使用 Pearson 相关分析的条件,可以进行 Pearson 相关分析。

在 Pearson 相关分析中,相关系数被用来描述变量之间的相关关系。Pearson 相关系数的取值范围为 $[-1,1]$,相关系数的绝对值越接近 1,表示变量之间的相关性越强;绝对值越接近 0,相关性越弱。当相关系数大于 0 时,代表变量之间存在正相关关系;当相关系数小于 0 时,代表负相关关系。

计算过程如下:

$$\overline{X} = \frac{\sum X_i}{n} = \frac{43 + 74 + 51 + \cdots + 54}{15} = 59.53$$

$$\overline{Y} = \frac{\sum Y_i}{n} = \frac{217.22 + 316.18 + 231.11 + \cdots + 252.08}{15} = 266.104$$

$$\mathrm{Cov}(X,Y) = \frac{\sum (X_i - \overline{X})(Y_i - \overline{Y})}{n-1} = \frac{6301.038}{14} = 450.074$$

$$r_{XY} = \frac{\mathrm{Cov}(X,Y)}{S_X S_Y} = \frac{450.074}{514.135} = 0.8754$$

计算得到体重和双肾总体积的 Pearson 相关系数为 0.8754,说明两变量之间存在高度正相关关系。

2.2　一元线性回归

相关分析的目的在于测度变量之间的关系强度,它所使用的测度工具就是相关系数。而回归分析则侧重于考察变量之间的数量关系,并通过一定的数学表达式将这种关系描述出来,进而确定一个或几个变量(自变量)的变化对另一个特定变量(因变量)的影响程度。具体来说,回归分析主要解决以下几个方面的问题:

①从一组样本数据出发,确定变量之间的数学关系式;

②对这些关系式的可信程度进行各种统计检验,并从影响某一特定变量的诸多变量中找出哪些变量的影响是显著的,哪些是不显著的;

③利用所求的关系式,根据一个或几个变量的取值来估计或预测另一个特定变量的取值,并给出这种估计或预测的可靠程度。

2.2.1　一元线性回归模型

1.回归模型

进行回归分析时,首先需要确定哪个变量是因变量,哪个变量是自变量。在回归分析中,被预测或被解释的变量称为因变量(dependent variable),用 y 表示;用来预测或解释因变量的一个或多个变量称为自变量(independent variable),用 x 表示。例如,分析贷款余额对不良贷款的影响,目的是要预测一定的贷款余额条件下不良贷款是多少,因此,不良贷款是被预测的变量,称为因变量,而用来预测不良贷款的贷款余额就是自变量。

当回归分析中只涉及一个自变量时,称为一元回归,若因变量 y 与自变量 x 之间为线性关系,则称为一元线性回归。在回归分析中,假定自变量 x 是可控制的,而因变量 y 是随机的,但很多情况下并非如此。本节所讨论的回归方法对于自变量无论是预先固定的还是随机的情况都适用,固定自变量的情况比较容易描述,因此下面主要讲述固定自变量的回归问题。

对于具有线性关系的两个变量,可以用一个线性方程来表示它们之间的关系。描述因变量 y 如何依赖自变量 x 和误差项 ε 的方程称为回归模型(regression model),只涉及一个自变量的一元线性回归模型可表示为:

$$y = \beta_0 + \beta_1 x + \varepsilon \tag{2.1}$$

式中,β_0 和 β_1 为模型的参数。

在一元线性回归模型中,y 是 x 的线性函数($\beta_0 + \beta_1 x$)加上误差项 ε。$\beta_0 + \beta_1 x$ 反映了由 x 的变化而引起的 y 的线性变化;ε 是被称为误差项的随机变量,反映了除 x 和 y 之间的线性关系之外的随机因素对 y 的影响,是不能由 x 和 y 之间的线性关系所解释的变异性。

式(2.1)称为理论回归模型,对这一模型,有以下几个主要假定:

假定 1 因变量 y 与自变量 x 之间具有线性关系。

假定 2 在重复抽样中,自变量 x 的取值是固定的,即假定 x 是非随机的。

在上述两个假定下,对于任何一个给定的 x 值,y 的取值都对应着一个分布,因此,$E(y) = \beta_0 + \beta_1 x$ 代表一条直线。但由于单个数据点是从 y 的分布中抽出来的,可能不在这条直线上,因此,必须包含一个误差项 ε 来描述模型的数据点。

假定 3 误差项 ε 是一个期望值为 0 的随机变量,即 $E(\varepsilon) = 0$。这意味着在式(2.1)中,由于 β_0 和 β_1 都是常数,所以有 $E(\beta_0) = \beta_0$,$E(\beta_1) = \beta_1$。因此对于一个给定的 x 值,y 的期望值为 $E(y) = \beta_0 + \beta_1 x$。这实际上等于假定模型的图式为一条直线。

假定 4 对于所有的 x 值,ε 的方差 σ^2 都相同。这意味着对于一个特定的 x 值,y 的方差都等于 σ^2。

假定 5 误差项 ε 是一个服从正态分布的、独立的随机变量,即 $\varepsilon \sim N(0, \sigma^2)$。独立性意味着一个特定的 x 值所对应的 ε 与其他 x 值所对应的 ε 不相关。因此,一个特定的 x 值所对应的 y 值与其他 x 值所对应的 y 值也不相关。这表明,在 x 取某个确定值的情况下,y 的变化由误差项 ε 的方差 σ^2 来决定。当 σ^2 较小时,y 的观测值非常靠近直线;当 σ^2 较大时,y 的观测值将偏离直线。由于 σ^2 是常数,所以 y 的取值不受 x 取值的影响。由于自变量 x 在数据收集前假设是固定的,因此,对于任何一个给定的 x 值,y 都服从期望值为 $\beta_0 + \beta_1 x$、方差为 σ^2 的正态分布,且对于不同的 x 具有相同的方差。

2. 回归方程

根据回归模型中的假定,ε 的期望值等于 0,因此 y 的期望值 $E(y) = \beta_0 + \beta_1 x$,也就是说,$y$ 的期望值是 x 的线性函数。描述因变量 y 的期望值如何依赖自变量 x 的方程称为回归方程(regression equation)。一元线性回归方程的形式为:

$$E(y) = \beta_0 + \beta_1 x \tag{2.2}$$

一元线性回归方程的图示是一条直线,因此,一元线性回归方程也称为直线回归方程。其中 β_0 是回归直线在 y 轴上的截距,是当 $x=0$ 时 y 的期望值;β_1 是直线的斜率,它表示 x 每变动一个单位时,y 的平均变动值。

3. 估计的回归方程

如果回归方程中的参数 β_0 和 β_1 已知,对于一个给定的 x 值,利用式(2.2)就能计算出 y 的期望值。但总体回归参数 β_0 和 β_1 是未知的,必须利用样本数据去估计它们。用样本统计量 $\hat{\beta}_0$ 和 $\hat{\beta}_1$ 代替回归方程中的未知参数 β_0 和 β_1,这时就得到了估计的回归方程(estimated regression equation)。它是根据样本数据求出的回归方程的估计。

对于一元线性回归,估计的回归方程形式为:

$$\hat{y} = \hat{\beta}_0 + \hat{\beta}_1 x \tag{2.3}$$

式中,$\hat{\beta}_0$ 是估计的回归直线在 y 轴上的截距;$\hat{\beta}_1$ 是直线的斜率,表示 x 每变动一个单位时,y 的平均变动值。

2.2.2 参数的最小二乘估计

对于第 i 个 x 值,估计的回归方程可表示为:

$$\hat{y}_i = \hat{\beta}_0 + \hat{\beta}_1 x_i \tag{2.4}$$

对于 x 和 y 的 n 对观测值,用于描述其关系的直线有多条,究竟用哪条直线来代表两个变量之间的关系,需要有一个明确的原则。我们自然会想到距离各观测点最近的一条直线,用它来代表 x 与 y 之间的关系与实际数据的误差比其他任何直线都小。德国科学家卡尔·高斯(Carl Gauss,1777—1855 年)提出用最小化图中垂直方向的离差平方和来估计参数 β_0 和 β_1,根据这一方法确定模型参数 β_0 和 β_1 的方法称为最小二乘法,也称为最小平方法(method of least squares),通过最小化因变量的观测值 y_i 与模型预测值 $\hat{y}_i$ 之间的离差平方和,来估计回归模型中的参数 β_0 和 β_1。

最小二乘法的思想可用图 2-3 表示。

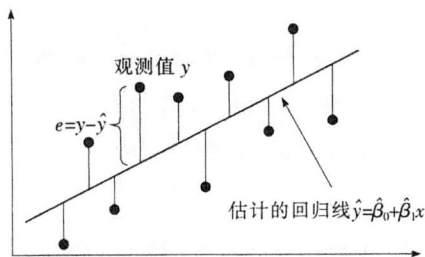

图 2-3 最小二乘法示意图

用最小二乘法拟合的直线具有一些优良的性质。首先,根据最小二乘法得到的回归直线能使离差平方和最小,虽然这并不能保证它就是拟合数据的最佳直线,但这毕竟是一条与数据拟合良好的直线应有的性质。其次,由最小二乘法求得的回归直线可知 β_0 和 β_1 的估计量的抽样分布。最后,在某些条件下,β_0 和 β_1 的最小二乘估计量同其他估计量相比,其抽样分布具有较小的标准差。正是基于上述性质，最小二乘法广泛用于回归模型参数的估计。

根据最小二乘法，使

$$\sum (y_i - \hat{y}_i)^2 = \sum (y_i - \hat{\beta}_0 - \hat{\beta}_1 x_i)^2 \qquad (2.5)$$

最小。令 $Q = \sum (y_i - \hat{y}_i)^2$，在给定样本数据后，$Q$ 是 $\hat{\beta}_0$ 和 $\hat{\beta}_1$ 的函数，且最小值总是存在。根据微积分的极值定理，对 Q 求相应于 $\hat{\beta}_0$ 和 $\hat{\beta}_1$ 的偏导数，令其等于 0，便可求出 $\hat{\beta}_0$ 和 $\hat{\beta}_1$，即

$$\begin{cases} \dfrac{\partial Q}{\partial \beta_0}\bigg|_{\beta_0 = \hat{\beta}_0} = -2\sum (y_i - \hat{\beta}_0 - \hat{\beta}_1 x_i) = 0 \\ \dfrac{\partial Q}{\partial \beta_1}\bigg|_{\beta_1 = \hat{\beta}_1} = -2\sum x_i (y_i - \hat{\beta}_0 - \hat{\beta}_1 x_i) = 0 \end{cases} \qquad (2.6)$$

解上述方程组得

$$\begin{cases} \hat{\beta}_1 = \dfrac{n\sum x_i y_i - \sum x_i \sum y_i}{n\sum x_i^2 - \left(\sum x_i\right)^2} \\ \hat{\beta}_0 = \bar{y} - \hat{\beta}_1 \bar{x} \end{cases} \qquad (2.7)$$

由式(2.7)可知，当 $x = \bar{x}$ 时，$\hat{y} = \bar{y}$，即回归直线 $\hat{y}_i = \hat{\beta}_0 + \hat{\beta}_1 x_i$ 通过点 $(\bar{x}, \bar{y})$，这是回归直线的重要特征之一。

2.2.3 回归直线的拟合优度

回归直线 $\hat{y}_i = \hat{\beta}_0 + \hat{\beta}_1 x_i$ 在一定程度上描述了变量 x 与 y 之间的数量关系，根据这一方程，可依据自变量 x 的取值来估计或预测因变量 y 的取值。但估计或预测的精度将取决于回归直线对观测数据的拟合程度。可以想象，如果各观测数据的散点都落在这条直线上，那么这条直线就是对数据的完全拟合，直线充分代表了各个点，此时用 x 来估计 y 是没有误差的。各观测点越是紧密围绕直线，说明直线对观测数据的拟合程度越好，反之则越差。回归直线与各观测点的接近程度称为回归直线对数据的拟合优度(goodness of fit)。为说明直线的拟合优度，需要计算判定系数。

判定系数是对估计的回归方程拟合优度的度量。为说明它的含义，需要对因变量 y 的取值的变差进行研究。

因变量 y 的取值是不同的，y 取值的这种波动称为变差。变差的产生来自两个方面：一是由自变量 x 的取值不同造成的；二是除 x 以外的其他因素(如 x 对 y 的非线性影响、测量误差等)的影响。对一个具体的观测值来说，变差的大小可以用实际观测值 y 与其均值 $\bar{y}$ 之差 $(y - \bar{y})$ 来表示。而 n 次观测值的总变差可由这些离差的平方和来表示，称为总平方和，记为 SST，即

$$SST = \sum (y_i - \bar{y})^2 \qquad (2.8)$$

每个观测点的离差都可以分解为：

$$y - \bar{y} = (y - \hat{y}) + (\hat{y} - \bar{y}) \tag{2.9}$$

将式(2.9)两边平方,并对所有 n 个点求和,有

$$\sum (y_i - \bar{y})^2 = \sum (y_i - \hat{y}_i)^2 + \sum (\hat{y}_i - \bar{y})^2 + 2 \sum (y_i - \hat{y}_i)(\hat{y}_i - \bar{y}) \tag{2.10}$$

可以证明, $\sum (y_i - \hat{y}_i)(\hat{y}_i - \bar{y}) = 0$,因此

$$\sum (y_i - \bar{y})^2 = \sum (y_i - \hat{y}_i)^2 + \sum (\hat{y}_i - \bar{y})^2 \tag{2.11}$$

式(2.11)的左边称为总平方和 SST ,它可分解为两部分:其中 $\sum (\hat{y}_i - \bar{y})^2$ 是回归值 $\hat{y}_i$ 与均值 $\bar{y}$ 的离差平方和,根据估计的回归方程,估计值 $\hat{y}_i = \hat{\beta}_0 + \hat{\beta}_1 x_i$,因此可以把 $(\hat{y}_i - \bar{y})$ 看作由自变量 x 的变化引起的 y 的变化,而其平方和 $\sum (\hat{y}_i - \bar{y})^2$ 则反映了 y 的总变差中由 x 与 y 之间的线性关系引起的 y 的变化部分,它是可以由回归直线来解释的 y_i 的变差部分,称为回归平方和,记为 SSR 。另一部分 $\sum (y_i - \hat{y}_i)^2$ 是各实际观测点与回归值的残差 $(y_i - \hat{y}_i)$ 的平方和,它是除了 x 对 y 的线性影响之外的其他因素引起的 y 的变化部分,是不能由回归直线来解释的 y_i 的变差部分,称为残差平方和或误差平方和,记为 SSE 。三个平方和的关系为:

$$SST = SSR + SSE \tag{2.12}$$

回归直线拟合的好坏取决于 SSR 及 SSE 的大小,或者说取决于回归平方和 SSR 占总平方和 SST 的比例(SSR / SST)的大小。各观测点越是靠近直线, SSR / SST 越大,直线拟合得越好。回归平方和占总平方和的比例称为判定系数(coefficient of determination),记为 R^2 ,其计算公式为:

$$R^2 = \frac{SSR}{SST} = \frac{\sum (\hat{y}_i - \bar{y})^2}{\sum (y_i - \bar{y})^2} = 1 - \frac{\sum (y_i - \hat{y}_i)^2}{\sum (y_i - \bar{y})^2} \tag{2.13}$$

判定系数测度了回归直线对观测数据的拟合程度。若所有观测点都落在直线上,残差平方和 $SSE = 0$,则 $R^2 = 1$ 拟合是完全的;如果 y 的变化与 x 无关, x 完全无助于解释 y 的变差, $\hat{y} = \bar{y}$,则 $R^2 = 0$ 。可见 R^2 的取值范围是 $[0,1]$ 。 R^2 越接近1,表明回归平方和占总平方和的比例越大,回归直线与各观测点越接近,用 x 的变化来解释 y 值变差的部分就越多,回归直线的拟合程度就越好;反之, R^2 越接近0,回归直线的拟合程度就越差。

在一元线性回归中,相关系数 r 实际上是判定系数的平方根。根据这一结论,不仅可以由相关系数直接计算判定系数 R^2 ,也可以进一步理解相关系数的意义。相关系数 r 与回归系数 $\hat{\beta}_1$ 的正负号是相同的,实际上,相关系数 r 从另一个角度说明了回归直线的拟合优度。 $|r|$ 越接近1,表明回归直线对观测数据的拟合程度越好。但用 r 说明回归直线的拟合优度要慎重,因为 r 的值总是大于 R^2 的值(除非 $r = 1$ 或 $|r| = 1$)。比如,当 $r = 0.5$ 时,表面上看相关程度似乎接近一半,但 $R^2 = 0.25$,实际上这只能解释总变差的 25% 。 $r = 0.7$ 才能解释近一半的变差, $r < 0.3$ 意味着只有很少一部分变差可由回归直线来解释。

2.2.4 一元回归的显著性检验

回归分析的主要目的是根据所建立的估计方程用自变量 x 来估计或预测因变量 y 的取值。建立了估计方程后,还不能马上进行估计或预测,因为该估计方程是根据样本数据得出的,它是否真实地反映了变量 x 和 y 之间的关系,需要通过检验来证实。

根据样本数据拟合回归方程时,实际上已经假定变量 x 与 y 之间存在着线性关系,即 $y = \beta_0 + \beta_1 x + \varepsilon$,并假定误差项 ε 是一个服从正态分布的随机变量,且对不同的 x 具有相同的方差。但这些假设是否成立,需要通过检验来证实。

回归分析中的显著性检验主要包括两方面内容:一是线性关系的检验;二是回归系数的检验。

1. 线性关系的检验

线性关系检验是检验自变量 x 和因变量 y 之间的线性关系是否显著,或者说,它们之间能否用一个线性模型 $y = \beta_0 + \beta_1 x + \varepsilon$ 来表示。为检验两个变量之间的线性关系是否显著,需要构造用于检验的统计量。该统计量的构造是以回归平方和(SSR)和残差平方和(SSE)为基础的。将 SSR 除以其相应的自由度(SSR 的自由度是自变量的个数 k ,一元线性回归中自由度为1)的结果称为均方回归,记为 MSR ;将 SSE 除以其相应的自由度(SSE 的自由度为 $n-k-1$,一元线性回归中自由度为 $n-2$)的结果称为均方残差,记为 MSE 。如果原假设成立($H_0 : \beta_1 = 0$,两个变量之间的线性关系不显著),则比值 MSR/MSE 的抽样分布服从分子自由度为1、分母自由度为 $n-2$ 的 F 分布,即

$$F = \frac{\dfrac{SSR}{1}}{\dfrac{SSE}{n-2}} = \frac{MSR}{MSE} \sim F(1, n-2) \tag{2.14}$$

所以当原假设 $H_0 : \beta_1 = 0$ 成立时, MSR/MSE 的值应接近1,但如果原假设 $H_0 : \beta_1 = 0$ 不成立, MSR/MSE 的值将变得无穷大。因此,较大的 MSR/MSE 值将导致拒绝原假设 H_0 ,此时就可以断定变量 x 与 y 之间存在着显著的线性关系。线性关系检验的具体步骤如下:

第1步 提出假设。

$$H_0 : \beta_1 = 0$$

两个变量之间的线性关系不显著。

第2步 计算检验统计量 F 。

$$F = \frac{\dfrac{SSR}{1}}{\dfrac{SSE}{n-2}} = \frac{MSR}{MSE} \tag{2.15}$$

第3步 作出决策。确定显著性水平 a ,并根据分子自由度 $df_1 = 1$ 和分母自由度 $df_2 = n-2$ 查 F 分布表,找到相应的临界值 F_a 。若 $F > F_a$,拒绝 H_0 ,表明两个变量之间的

线性关系是显著的;若 $F < F_a$,不拒绝 H_0,没有证据表明两个变量之间的线性关系显著。

2.回归系数的检验

回归系数的显著性检验是要检验自变量对因变量的影响是否显著。在一元线性回归模型 $y = \beta_0 + \beta_1 x + \varepsilon$ 中,如果回归系数 $\beta_1 = 0$,则回归线是一条水平线,表明因变量 y 的取值不依赖于自变量 x,即两个变量之间没有线性关系。如果回归系数 $\beta_1 \neq 0$,也不能得出两个变量之间存在线性关系的结论,要看这种关系是否具有统计意义上的显著性。回归系数的显著性检验就是检验回归系数 β_1 是否等于 0。为检验原假设 $H_0:\beta_1 = 0$ 是否成立,需要构造用于检验的统计量。为此,需要研究回归系数 β_1 的抽样分布。

估计的回归方程 $\hat{y}_i = \hat{\beta}_0 + \hat{\beta}_1 x_i$ 是根据样本数据计算的。当抽取不同的样本时,就会得出不同的估计方程。实际上,$\hat{\beta}_0$ 和 $\hat{\beta}_1$ 是根据最小二乘法得到的用于估计参数 β_0 和 β_1 的统计量,它们都是随机变量,都有自己的分布。根据检验的需要,这里只讨论 $\hat{\beta}_1$ 的分布。统计证明,$\hat{\beta}_1$ 服从正态分布,其数学期望为 $E(\hat{\beta}_1) = \beta_1$,标准差为:

$$\sigma_{\hat{\beta}_1} = \frac{\sigma}{\sqrt{\sum x_i^2 - \frac{1}{n}\left(\sum x_i\right)^2}} \tag{2.16}$$

式中,σ 是误差项 ε 的标准差。

由于 σ 未知,将 σ 的估计量 s_e 代入式(2.16),得到 $\sigma_{\hat{\beta}_1}$ 的估计量,即 $\hat{\beta}_1$ 的估计的标准差为:

$$s_{\hat{\beta}_1} = \frac{s_e}{\sqrt{\sum x_i^2 - \frac{1}{n}\left(\sum x_i\right)^2}} \tag{2.17}$$

这样就可以构造出用于检验回归系数 β_1 的统计量 t:

$$t = \frac{\hat{\beta}_1 - \beta_1}{s_{\hat{\beta}_1}} \tag{2.18}$$

该统计量服从自由度为 $n-2$ 的 t 分布。如果原假设成立,则 $\beta_1 = 0$,检验的统计量为:

$$t = \frac{\hat{\beta}_1}{s_{\hat{\beta}_1}} \tag{2.19}$$

回归系数的显著性检验的具体步骤如下:

第 1 步　提出检验。

$$H_0:\beta_1 = 0; H_1:\beta_1 \neq 0$$

第 2 步　计算检验统计量 t。

$$t = \frac{\hat{\beta}_1}{s_{\hat{\beta}_1}}$$

第 3 步　作出决策。确定显著性水平 α,并根据自由度 $df_2 = n-2$ 查 t 分布表,找到相应的临界值 $t_{\alpha/2}$。若 $|t| > t_{\alpha/2}$,则拒绝 H_0,回归系数等于 0 的可能性小于 α,表明自变量 x 对因变量 y 的影响是显著的,换言之,两个变量之间存在着显著的线性关系;若 $|t|$

$< t_{a/2}$,则不拒绝 H_0,没有证据表明 x 对 y 的影响显著,或者说,二者之间尚不存在显著的线性关系。

2.3 多元线性回归

2.3.1 多元回归模型

在许多实际问题中,影响因变量的因素往往有多个,这种一个因变量与多个自变量的回归问题就是多元回归,当因变量与各自变量之间为线性关系时,称为多元线性回归。多元线性回归分析的原理同一元线性回归基本相同,但计算上要复杂得多,需借助计算机来完成。

1. 多元回归模型与回归方程

设因变量为 y,k 个自变量分别为 $x_1,x_2,\cdots,x_k$,描述因变量如何依赖自变量 $x_1,x_2,\cdots,x_k$ 和误差项 ε 的方程称为多元回归模型(multiple regression model)。其一般形式可表示为:

$$y = \beta_0 + \beta_1 x_1 + \beta_2 x_2 + \cdots + \beta_k x_k + \varepsilon \tag{2.20}$$

式中,$\beta_0,\beta_1,\beta_2,\cdots,\beta_k$ 是模型的参数;ε 为误差项。

式(2.20)表明:y 是 $x_1,x_2,\cdots,x_k$ 的线性函数($\beta_0 + \beta_1 x_1 + \beta_2 x_2 + \cdots + \beta_k x_k$)加上误差项 ε。误差项反映了除 $x_1,x_2,\cdots,x_k$ 与 y 的线性关系之外的随机因素对 y 的影响,是不能由 $x_1,x_2,\cdots,x_k$ 与 y 之间的线性关系解释的变异性。

与一元线性回归类似,在多元线性回归模型中,对误差项 ε 同样有三个基本假定:

假定 1 误差项 ε 是一个期望值为 0 的随机变量,即 $E(\varepsilon)=0$。这意味着对于给定 $x_1,x_2,\cdots,x_k$ 的值,y 的期望值为 $E(y)=\beta_0 + \beta_1 x_1 + \beta_2 x_2 + \cdots + \beta_k x_k$。

假定 2 对于自变量 $x_1,x_2,\cdots,x_k$ 的所有值,ε 的方差 σ^2 都相同。

假定 3 误差项 ε 是一个服从正态分布的随机变量,且相互独立,即 $\varepsilon \sim N(0,\sigma^2)$。独立性意味着自变量 $x_1,x_2,\cdots,x_k$ 的一组特定值所对应的 ε 与 $x_1,x_2,\cdots,x_k$ 任意一组其他值所对应的 ε 不相关。正态性意味着对于给定的 $x_1,x_2,\cdots,x_k$ 的值,因变量 y 是一个服从正态分布的随机变量。

根据回归模型的假定,有:

$$E(y) = \beta_0 + \beta_1 x_1 + \beta_2 x_2 + \cdots + \beta_k x_k \tag{2.21}$$

式(2.21)为多元回归方程,它描述了因变量 y 的期望值与自变量 $x_1,x_2,\cdots,x_k$ 之间的关系。

一元回归方程在二维空间中是一条直线,可在直角坐标中将其画出来。但多元回归就很难做到这一点。为了对式(2.21)的回归方程有更全面的了解,可考虑含有两个自变量的多元回归方程,其形式为:

$$E(y) = \beta_0 + \beta_1 x_1 + \beta_2 x_2$$

2.估计的多元回归方程

回归方程中的参数 $\beta_0,\beta_1,\beta_2,\cdots,\beta_k$ 是未知的,需要利用样本数据去估计它们。当用样本统计量 $\hat{\beta}_0,\hat{\beta}_1,\hat{\beta}_2,\cdots,\hat{\beta}_k$ 去估计回归方程中的未知参数如 $\beta_0,\beta_1,\beta_2,\cdots,\beta_k$ 时,就得到了估计的多元回归方程(estimated multiple regression equation),其一般形式为:

$$\hat{y}=\hat{\beta}_0+\hat{\beta}_1 x_1+\hat{\beta}_2 x_2+\cdots+\hat{\beta}_k x_k \tag{2.22}$$

式中,$\hat{\beta}_0,\hat{\beta}_1,\hat{\beta}_2,\cdots,\hat{\beta}_k$ 是参数 $\beta_0,\beta_1,\beta_2,\cdots,\beta_k$ 的估计值;$\hat{y}$ 是因变量 y 的估计值。

$\hat{\beta}_1,\hat{\beta}_2,\cdots,\hat{\beta}_k$ 称为偏回归系数。$\hat{\beta}_1$ 表示当 $x_2,x_3,\cdots,x_k$ 不变时,x_1 每变动一个单位因变量 y 的平均变动量;$\hat{\beta}_2$ 表示当 $x_1,x_2,\cdots,x_k$ 不变时,x_2 每变动一个单位因变量 y 的平均变动量;其余偏回归系数的含义类似。

3.参数的最小二乘估计

回归方程中的 $\hat{\beta}_0,\hat{\beta}_1,\hat{\beta}_2,\cdots,\hat{\beta}_k$ 仍然是根据最小二乘法求得的,也就是使残差平方和:

$$Q=\sum(y_i-\hat{y}_i)^2=\sum(y_i-\hat{\beta}_0-\hat{\beta}_1 x_1-\cdots-\hat{\beta}_k x_k)^2 \tag{2.23}$$

最小。由此可以得到求解 $\hat{\beta}_0,\hat{\beta}_1,\hat{\beta}_2,\cdots,\hat{\beta}_k$ 的标准方程组:

$$\begin{cases} \left.\dfrac{\partial Q}{\partial \beta_0}\right|_{\beta_0=\hat{\beta}_0}=0 \\[2mm] \left.\dfrac{\partial Q}{\partial \beta_i}\right|_{\beta_i=\hat{\beta}_i}=0,i=1,2,\cdots,k \end{cases} \tag{2.24}$$

求解上述方程组需要借助计算机,可直接由 Excel 给出回归结果。

2.3.2　回归方程的拟合优度

1.多重判定系数

与一元回归方程类似,对多元线性回归方程,需要用多重判定系数来评价其拟合程度。

在一元回归中曾介绍过因变量离差平方和的分解方法,多元回归中因变量离差平方和的分解也一样,同样有

$$SST=SSR+SSE \tag{2.25}$$

式中,$SST=\sum(y_i-\bar{y})^2$ 为总平方和;$SSR=\sum(\hat{y}_i-\bar{y})^2$ 为回归平方和;$SSE=\sum(y_i-\hat{y}_i)^2$ 为残差平方和。

有了这些平方和,可以将多重判定系数定义如下:

$$R^2=\frac{SSR}{SST}=1-\frac{SSE}{SST} \tag{2.26}$$

多重判定系数(multiple coefficient of determination)是多元回归中的回归平方和占总平方和的比例,它是度量多元回归方程拟合程度的一个统计量,反映了因变量 y 的变差中被估计的回归方程所解释的比例。

对于多重判定系数还有一点需要注意:自变量个数的增加将影响因变量的变差中被估计的回归方程所解释的比例。当增加自变量时,会使预测误差变得较小,从而减少残差平方

和 SSE。由于回归平方和 $SSR = SST - SSE$,当 SSE 变小时,SSR 就会变大,从而使 R^2 变大。如果模型中增加一个自变量,即使这个自变量在统计上并不显著,R^2 也会变大。因此,为避免增加自变量而高估 R^2,统计学家提出用样本量 n 和自变量的个数 k 去调整 R^2,计算出调整的多重判定系数(adjusted multiple coefficient of determination),记为 R_a^2,其计算公式为:

$$R_a^2 = 1 - (1 - R^2)\left(\frac{n-1}{n-k-1}\right) \tag{2.27}$$

R_a^2 的解释与 R^2 类似,不同的是,R_a^2 同时考虑了样本量 n 和模型中自变量的个数 k 的影响,这就使得 R_a^2 的值永远小于 R^2,而且不会因为模型中自变量个数的增加而越来越接近 1。因此,在多元回归分析中,通常运用调整的多重判定系数。

R^2 的平方根称为多重相关系数,也称为复相关系数,它度量了因变量同多个自变量的相关程度。

2. 估计标准误差

同一元线性回归一样,多元回归中的估计标准误差也是误差项 ε 的方差 σ^2 的一个估计值,它在衡量多元回归方程的拟合优度方面起着重要作用。计算公式为:

$$s_e = \sqrt{\frac{\sum(y_i - \hat{y}_i)^2}{n-k-1}} = \sqrt{\frac{SSE}{n-k-1}} = \sqrt{MSE} \tag{2.28}$$

式中,k 为自变量的个数。

多元回归中对 s_e 的解释与一元回归类似。由于 s_e 所估计的是预测误差的标准差,其含义是根据自变量 $x_1, x_2, \cdots, x_k$ 来预测当因变量为 y 时的平均预测误差。

2.3.3 多元回归的显著性检验

在一元线性回归中,线性关系的检验(F 检验)与回归系数的检验(t 检验)是等价的,这一点很容易理解。比如,F 检验表明不良贷款与贷款余额之间有显著的线性关系,必然也意味着回归系数不会等于 0,因为只有一个自变量。但在多元回归中,这两种检验不再等价。线性关系检验主要是检验因变量与多个自变量的线性关系是否显著,在 k 个自变量中,只要有一个自变量与因变量的线性关系显著,F 检验就能通过,但这并不一定意味着每个自变量与因变量的关系都显著。回归系数检验则是对每个回归系数分别进行单独的检验,它主要用于检验每个自变量对因变量的影响是否显著。如果某个自变量没有通过检验,就意味着这个自变量对因变量的影响不显著,也许就没有必要将这个自变量放进回归模型中了。

1. 线性关系检验

线性关系检验是检验因变量 y 与 k 个自变量之间的关系是否显著,也称为总体显著性检验。检验的具体步骤如下:

第 1 步 提出假设。

$$H_0: \beta_1 = \beta_2 = \cdots = \beta_k = 0$$

$$H_1: \beta_1, \beta_2, \cdots, \beta_k \text{ 至少有一个不等于 } 0$$

第 2 步 计算检验的统计量 F。

$$F = \frac{\dfrac{SSR}{k}}{\dfrac{SSE}{n-k-1}} \sim F(k, n-k-1) \tag{2.29}$$

第 3 步 做出统计决策。给定显著性水平 α,根据分子自由度 $=k$,分母自由度 $=n-k-1$,查 F 分布表得到 F_α。若 $F > F_\alpha$,则拒绝原假设;若 $F < F_\alpha$,则不拒绝原假设。可直接利用 P 值做出决策:若 $P < \alpha$,则拒绝原假设;若 $P > \alpha$,则不拒绝原假设。

2.回归系数的检验和推断

回归方程通过线性关系检验后,就可以对各个回归系数 β_i 有选择地进行一次或多次检验。但究竟要对哪几个回归系数进行检验,通常需要在建立模型之前做出决定,此外,还应对回归系数检验的个数进行限制,以避免犯过多的错误。

回归系数检验的具体步骤如下:

第 1 步 提出假设。对于任意参数 $\beta_i (i = 1, 2, \cdots, k)$,有

$$H_0 : \beta_i = 0$$
$$H_1 : \beta_i \neq 0$$

第 2 步 计算检验的统计量 t

$$t_i = \frac{\hat{\beta}_i}{s_{\hat{\beta}i}} \sim t(n-k-1) \tag{2.30}$$

式中,$s_{\hat{\beta}i}$ 是回归系数 $\hat{\beta}_i$ 的抽样分布的标准差,即

$$s_{\hat{\beta}_i} = \frac{s_e}{\sqrt{\sum x_i^2 - \dfrac{1}{n}(\sum x_i)^2}} \tag{2.31}$$

第 3 步 做出统计决策。给定显著性水平 α,根据自由度 $=n-k-1$ 查 t 分布表,得到 $t_{\alpha/2}$ 的值。若 $|t| > t_{\alpha/2}$,则拒绝原假设;若 $|t| < t_{\alpha/2}$,则不拒绝原假设。

3 控制图的原理和方法

3.1 控制图的概念与种类

3.1.1 控制图的概念

控制图是一个简单的过程控制系统,其作用是利用控制图所提供的信息,把一个过程维持在受控状态,一旦发现异常波动,就分析产生波动的原因,采取措施加以消除或减弱其影响力,把一个过程从失控状态变为受控状态,以保持质量稳定。

3.1.2 控制图的种类

控制图有多种。由于质量特性值通常有两大类,一类是计量的,如温度、长度、电阻等,另一类是计数的,它又分为计件的(如不合格品数等)与计点的(如缺陷数等),因此常规控制图也有两大类,分别为计量控制图和计数控制图。

(1)计量控制图

均值-极差控制图($\overline{X}$-R 图);

均值-标准差控制图($\overline{X}$-s 图);

中位数-极差控制图(M_e-R 图);

单值-移动极差控制图(X-MR 图)。

(2)计数控制图

①计件控制图

不合格品率控制图(p 图);

不合格品数控制图(np 图)。

②计点控制图

单位缺陷数控制图(μ 图);

缺陷数控制图(c 图)。

图 3-1 所示为控制图的构造原理图。

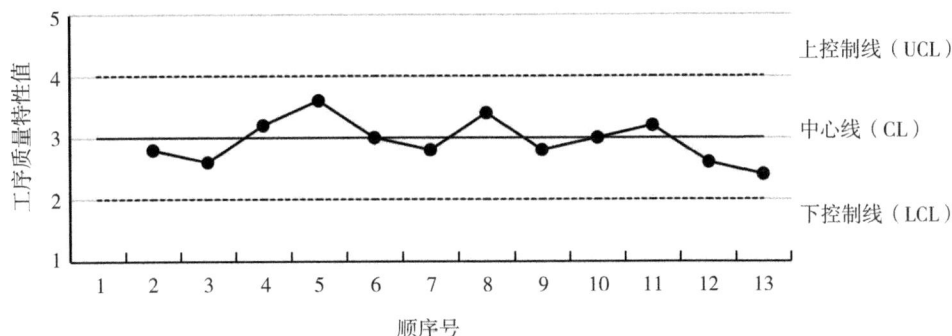

图 3-1　控制图构造原理

3.2　控制图的原理

工序质量特性值 x 通常为计量值数据,服从正态分布,即 $x \sim N(\mu, \sigma^2)$。若工序受控,则 μ、σ^2 不随时间变化或基本不随时间变化,且工序时间能力充足。对正态分布有:

$$P[(\mu - 3\sigma) < x < (\mu + 3\sigma)] = 0.9973$$

因此可用 3σ 原则确定控制图的控制界限。

记中心线为 CL,上控制线为 UCL,下控制线为 LCL。则有:

$$CL = \mu$$
$$UCL = \mu + 3\sigma$$
$$LCL = \mu - 3\sigma$$

控制图可能存在两类错误,如图 3-2 所示。

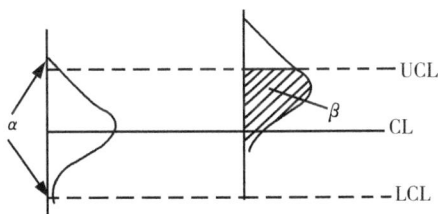

图 3-2　控制图的两类错误

1. 第一类错误

若以 3σ 原则确定控制界限,那么将有 99.73% 的质量特性值落在控制界限之内。即便过程处于受控状态,也会因有 0.27% 的质量特性值落在控制界限之外而被误判为生产过程失控。此类错误判断为控制图的第一类错误。若第一类错误的概率为 α,则在 3σ 控制图中 α 为 0.27%。

2. 第二类错误

如果生产过程处于失控状态,仍会有一定比例的质量特性值落在控制界限之内,据此可能作出生产过程正常的判断,这就是控制图的第二类错误。第二类错误的概率记作 β,那么 $1 - \beta$ 称为控制图的检出力,可应用正态分布规律进行计算。

计量控制图的基本思路是利用样本统计量反映和控制总体的集中位置和分散程度。计量控制图进一步可分为均值($\overline{X}$)-极差(R)控制图、均值($\overline{X}$)-标准差(s)控制图，中位数(M_e)-极差(R)控制图、单值(X)-移动极差(MR)控制图等。

计数控制图则以不合格品数、不合格品率、缺陷数等质量特性值作为控制对象。计数控制图进一步可分为计件控制图和计点控制图，前者包括不合格品数(np)控制图和不合格品率(p)控制图；后者则包括缺陷数(c)控制图和单位缺陷数(μ)控制图。

3.3　计量控制图

计量控制图最常用的种类是均值-极差控制图，也就是 $\overline{X}$-R 控制图。

$\overline{X}$ 图的控制界限为：

$$CL = \overline{\overline{X}}$$
$$UCL = \overline{\overline{X}} + 3\sigma_{\overline{X}}$$
$$LCL = \overline{\overline{X}} - 3\sigma_{\overline{X}}$$

根据概率论的有关定理，如果总体 X 的分布服从正态分布 $N(\mu, \sigma^2)$，那么对于样本平均值 $\overline{X}$ 有

$$\overline{\overline{X}} = \mu, \sigma_{\overline{X}} = \frac{\sigma}{\sqrt{n}}$$

则 $\overline{X}$ 的分布服从正态分布 $N(\mu, \frac{\sigma^2}{n})$。

样本极差 R 的分布也趋于正态分布，但 R 的正态分布与 μ 值无关而仅与 σ 值有关，即：

$$\overline{R} = d_2\sigma$$
$$\sigma_R = d_3\sigma$$

式中，d_2 与 d_3 为随样本大小 n 而变的常数，见表3-1。

亦即 R 服从正态分布 $N(d_2\sigma, d_3\sigma^2)$

表 3-1　控制参数表

n	A_2	A_3	m_3	m_3A_2	d_2	d_3	D_2	D_3	D_4	E_2
2	1.880	2.224	1.000	1.880	1.128	0.853	3.686	0	3.267	2.660
3	1.023	1.099	1.160	1.187	1.693	0.888	4.358	0	2.575	1.772
4	0.729	0.758	1.092	0.796	2.059	0.880	4.698	0	2.282	1.457
5	0.577	0.594	1.198	0.691	2.326	0.864	4.918	0	2.115	1.290
6	0.483	0.495	1.135	0.549	2.534	0.848	5.078	0	2.004	1.184
7	0.419	0.429	1.214	0.509	2.704	0.833	5.203	0.076	1.924	1.109
8	0.373	0.380	1.160	0.432	2.847	0.820	5.307	0.136	1.864	1.054
9	0.337	0.343	1.223	0.412	2.970	0.808	5.394	0.184	1.816	1.010
10	0.308	0.314	1.177	0.363	3.078	0.797	5.469	0.223	1.777	0.975

故 $\overline{X}$ 图的控制界限可推导如下：

$$UCL = \overline{\overline{X}} + 3\sigma_{\overline{X}} = \overline{\overline{X}} + 3\frac{\sigma}{\sqrt{n}} = \overline{\overline{X}} + \frac{3}{d_2\sqrt{n}}\overline{R} = \overline{\overline{X}} + A_2 R$$

$$LCL = \overline{\overline{X}} - 3\sigma_{\overline{X}} = \overline{\overline{X}} - 3\frac{\sigma}{\sqrt{n}} = \overline{\overline{X}} - \frac{3}{d_2\sqrt{n}}\overline{R} = \overline{\overline{X}} - A_2 R$$

式中，$A_2 = \dfrac{3}{d_2\sqrt{n}}$。

样本极差 R 图的控制界限为：

$$CL = \overline{R}$$

$$UCL = \overline{R} + 3\sigma_R$$

$$LCL = \overline{R} - 3\sigma_R$$

R 图的控制界限可推导如下：

$$UCL = \overline{R} + 3\sigma_R = \overline{R} + 3d_3\sigma = \overline{R} + 3\frac{d_3}{d_2}\overline{R} = (1 + \frac{3d_3}{d_2})\overline{R} = D_4 R$$

$$LCL = \overline{R} + 3\sigma_R = \overline{R} - 3d_3\sigma = \overline{R} - 3\frac{d_3}{d_2}\overline{R} = (1 - \frac{3d_3}{d_2})\overline{R} = D_3 R$$

式中，$D_4 = 1 + \dfrac{3d_3}{d_2}$；$D_3 = 1 - \dfrac{3d_3}{d_2}$。

控制图的设计过程：

①确定工序控制对象、工序生产条件。

②按测量时间顺序将样本数据分为 k 组，每组样本量为 n，通常 $n=4$ 或 5。

③计算控制界限

a.求各组平均值 $\overline{X}_i$ 和各组极差 R_i

$$\overline{X}_i = \frac{\sum X_i}{n}$$

$$R_i = X_{i,\min} - X_{i,\max}$$

b.计算 $\overline{\overline{X}}$ 和 $\overline{R}$：

$$\overline{\overline{X}} = \frac{\sum \overline{X}_i}{k}$$

$$\overline{R} = \frac{\sum R_i}{k}$$

计算 $\overline{X}$ 图的控制界限：

$$UCL = \overline{\overline{X}} + A_2 \overline{R}$$

$$LCL = \overline{\overline{X}} - A_2 \overline{R}$$

式中，$A_2 = \dfrac{3}{d_3\sqrt{n}}$。

计算 R 图的控制界限：

$$UCL = D_4 \overline{R}$$

$$LCL = D_3 \overline{R}$$

式中,$D_4 = 1 + \dfrac{3d_3}{d_2}$;$D_3 = 1 - \dfrac{3d_3}{d_2}$。

c. 绘制 $\overline{X}$-R 控制图。

[**例 3.1**] 某金属零件的长度是一个重要的质量特性。现在要对其进行控制,在生产现场每隔一小时测量 $n=5$ 件产品的长度,数据为零件真正的长度与一特定尺寸之差,将其填在表 3-2 中,试做出 $\overline{X}$-R 控制图。

表 3-2　数据及计算表

序号 i	测量值					$\overline{X}_i$	R_i
	X_{i1}	X_{i2}	X_{i3}	X_{i4}	X_{i5}		
1	12	8	5	12	3	8.0	9
2	11	13	8	11	4	9.4	9
3	10	3	6	2	7	5.6	8
4	12	12	6	12	4	9.2	8
5	6	9	6	5	5	6.2	4
6	8	11	8	8	2	7.6	9
7	10	9	6	3	7	7.0	7
8	7	12	9	1	3	6.4	11
9	5	9	11	6	7	7.6	6
10	7	7	6	11	11	8.4	5
11	10	13	9	15	15	12.4	6
12	4	7	6	13	13	8.6	9
13	8	4	13	11	11	9.4	9
14	8	4	7	4	4	5.4	4
15	10	6	9	14	14	10.6	8
16	14	7	8	5	5	7.8	9
17	1	11	2	8	8	6.0	10
18	5	6	3	6	6	5.2	3
19	6	7	4	7	10	6.8	6
20	12	7	9	9	13	10.0	6
21	3	11	6	12	6	7.6	9
22	4	2	5	9	8	5.6	7
23	7	12	7	11	10	9.4	5
24	4	5	8	9	7	6.6	5
25	5	9	6	12	5	7.4	7

计算每一子组 $\overline{X}_i$、R_i,结果同时列在表 3-2 中。

$$\overline{\overline{X}} = \frac{\sum \overline{X}_i}{k} = \frac{194.2}{25} = 7.768$$

$$\overline{R} = \frac{\sum R_i}{k} = \frac{179}{25} = 7.16$$

查表 3-1 得,当 $n=5$ 时, $A_2=0.577, D_3=0, D_4=2.115$,因而 $\overline{X}$ 图中心线与上下控制界限为:

$$CL = \overline{\overline{X}} = 7.768$$
$$UCL = \overline{\overline{X}} + A_2\overline{R} = 7.768 + 0.577 \times 7.16 = 11.899$$
$$LCL = \overline{\overline{X}} - A_2\overline{R} = 7.768 - 0.577 \times 7.16 = 3.637$$

$\overline{R}$ 图的中心线与上下控制界限为:

$$CL = \overline{R} = 7.16$$
$$UCL = D_4\overline{R} = 2.115 \times 7.16 = 15.143$$
$$LCL = D_3\overline{R} = 0 \times 7.16 = 0$$

所作的 $\overline{X}$-R 控制图如图 3-3 所示。

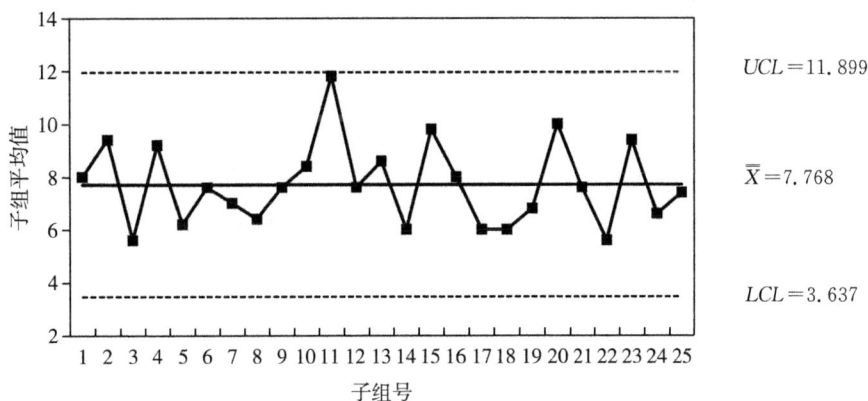

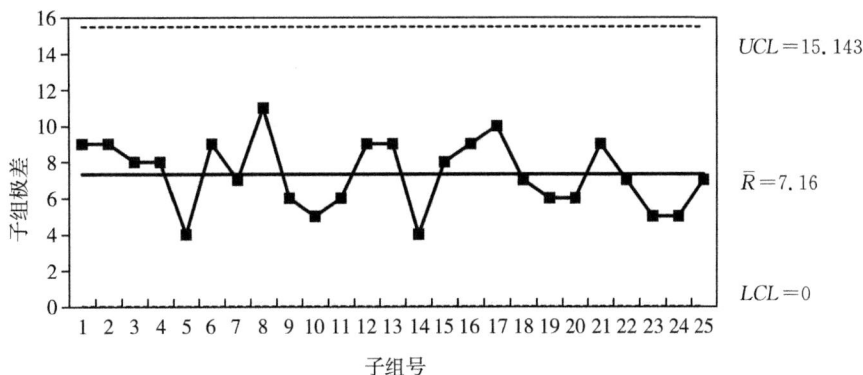

图 3-3 例 3.1 的 $\overline{X}$-R 控制图设计

3.4 计数控制图

3.4.1 不合格品率控制图(p 图)和不合格品数控制图(np 图)

设工序处于正常时的不合格品率为 p_0。

p 图的控制界限：

$$CL = p_0$$

$$UCL = p_0 + 3\sqrt{\frac{p_0(1-p_0)}{n}}$$

$$LCL = p_0 - 3\sqrt{\frac{p_0(1-p_0)}{n}}$$

np 图的控制界限：

$$CL = np_0$$

$$UCL = np_0 + 3\sqrt{np_0(1-p_0)}$$

$$LCL = np_0 - 3\sqrt{np_0(1-p_0)}$$

实际控制中，用 $\bar{p}$ 代表 p_0。

p 图的控制界限为：

$$CL = \bar{p}$$

$$UCL = \bar{p} + 3\sqrt{\frac{\bar{p}(1-\bar{p})}{n}}$$

$$LCL = \bar{p} - 3\sqrt{\frac{\bar{p}(1-\bar{p})}{n}}$$

np 图的控制界限：

$$CL = n\bar{p}$$

$$UCL = n\bar{p} + 3\sqrt{n\bar{p}(1-\bar{p})}$$

$$LCL = n\bar{p} - 3\sqrt{n\bar{p}(1-\bar{p})}$$

[例 3.2] 某药厂收集了 20 个样本的数据如表 3-3 所示，样本大小 $n=200$。试绘制 p 控制图与 np 控制图。

表 3-3　p 控制图与 np 控制图数据

样本号	样本数	不合格品数	不合格率	样本号	样本数	不合格品数	不合格率
1	200	6	0.03	11	200	9	0.045
2	200	8	0.04	12	200	14	0.07
3	200	10	0.05	13	200	10	0.05

样本号	样本数	不合格品数	不合格率	样本号	样本数	不合格品数	不合格率
4	200	8	0.04	14	200	8	0.04
5	200	12	0.06	15	200	10	0.05
6	200	0	0	16	200	6	0.03
7	200	5	0.025	17	200	6	0.03
8	200	3	0.015	18	200	12	0.06
9	200	10	0.05	19	200	8	0.04
10	200	7	0.035	20	200	2	0.01

解：
$$\overline{p}_n = \frac{\sum np}{\sum n} = \frac{154}{4000} = 0.0385$$

p 控制图的控制界限为：

$$CL = \overline{p}_n = 0.0385$$

$$UCL = \overline{p}_n + 3\sqrt{\overline{p}_n(1-\overline{p}_n)/n}$$

$$= 0.0385 + 3\sqrt{0.0385 \times (1-0.0385)/200}$$

$$= 0.0793$$

$$LCL = \overline{p}_n - 3\sqrt{\overline{p}_n(1-\overline{p}_n)/n}$$

$$= 0.0385 - 3\sqrt{0.0385 \times (1-0.0385)/200}$$

$$= -0.0023 \approx 0(负数不考虑)$$

np 控制图的控制界限为：

$$CL = n\overline{p}_n = 200 \times 0.0385 = 7.7$$

$$UCL = n\overline{p}_n + 3\sqrt{n\overline{p}_n(1-\overline{p}_n)}$$

$$= 7.7 + 3\sqrt{7.7(1-0.0385)}$$

$$= 15.86$$

$$LCL = n\overline{p}_n - 3\sqrt{n\overline{p}_n(1-\overline{p}_n)}$$

$$= 7.7 - 3\sqrt{7.7(1-0.0385)}$$

$$= -0.46 \approx 0(负数不考虑)$$

p 控制图与 np 控制图分别如图 3-4、图 3-5 所示。

3.4.2 缺陷数控制图(c 图)和单位缺陷数控制图(μ 图)

c 图的控制界限

$$CL = \lambda = np$$

$$UCL = np + 3\sigma_c = np + 3\sqrt{\lambda}$$

$$LCL = np - 3\sigma_c = np - 3\sqrt{\lambda}$$

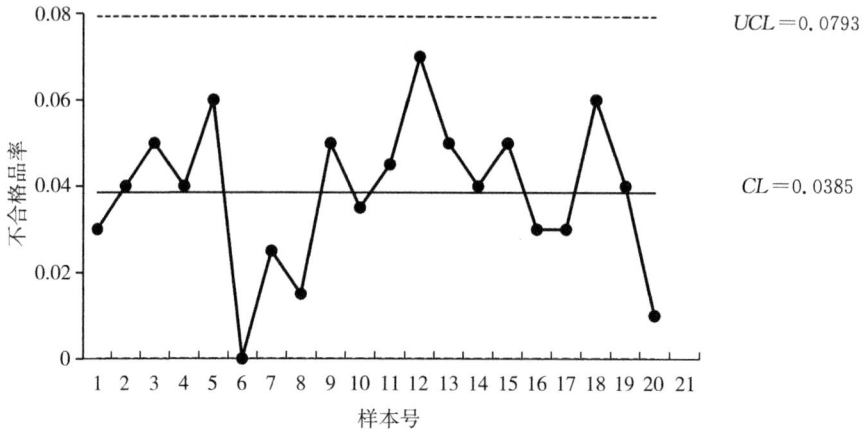

图 3-4　p 控制图

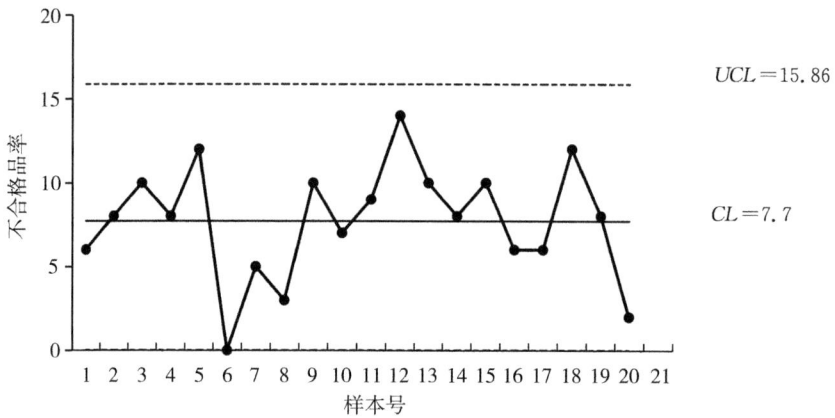

图 3-5　np 控制图

实际控制中,由于 λ 未知,通常用 $\bar{c}$ 代替 λ。

$$\bar{c} = \frac{\sum c_i}{k}$$

则 c 图的控制界限为:

$$CL = \bar{c}$$

$$UCL = \bar{c} + 3\sqrt{\bar{c}}$$

$$LCL = \bar{c} - 3\sqrt{\bar{c}}$$

[例 3.3]　某企业铸造车间对铸件 40cm^2 上的缺陷统计资料如表 3-4 所示。试计算 c 控制图的控制界限。

表 3-4　c 控制图数据表

样本号	1	2	3	4	5	6	7	8	9	10	合计
缺陷数	3	5	6	7	4	8	9	3	6	4	
样本号	11	12	13	14	15	16	17	18	19	20	
缺陷数	5	7	6	6	8	4	5	2	3	4	105

解：$\bar{c} = \dfrac{\sum c}{k} = \dfrac{105}{20} = 5.25$

c 图的控制界限为

$$CL = \bar{c} = 5.25$$

$$UCL = \bar{c} + 3\sqrt{\bar{c}} = 5.25 + 3\sqrt{5.25} = 12.12$$

$$LCL = \bar{c} - 3\sqrt{\bar{c}} = 5.25 - 3\sqrt{5.25} = -1.62 \text{（负数不予考虑）}$$

当样本大小不固定时，就需要换算成标准单位面积或单位长度的缺陷数进行控制，这样就需要绘制 μ 控制图。

$$\mu = \dfrac{c}{n}, \quad \bar{\mu} = \dfrac{\sum c_i}{\sum n_i}, \quad \sigma_\mu = \dfrac{\sqrt{\bar{c}}}{n} = \dfrac{\sqrt{\bar{\mu}}}{n}$$

μ 控制图的控制界限为：

$$CL = \bar{\mu}$$

$$UCL = \bar{\mu} + 3\sqrt{\dfrac{\bar{\mu}}{n}}$$

$$LCL = \bar{\mu} - 3\sqrt{\dfrac{\bar{\mu}}{n}}$$

[例 3.4] 数据如表 3-5 所示，试绘制控制图。

表 3-5 μ 控制图数据表

样本号	样本大小 n_i /cm²	缺陷数 c_i	单位缺陷数 μ_i	样本号	样本大小 n_i /cm²	缺陷数 c_i	单位缺陷数 μ_i
1	10	4	0.40	11	12	6	0.50
2	10	5	0.50	12	12	5	0.42
3	10	5	0.50	13	12	4	0.33
4	10	6	0.60	14	12	8	0.66
5	10	7	0.70	15	12	8	0.66
6	10	4	0.40	16	20	10	0.50
7	14	5	0.36	17	20	8	0.40
8	14	8	0.57	18	20	14	0.70
9	14	7	0.50	19	20	10	0.50
10	14	10	0.71	20	20	12	0.60
合计					276	146	

解：

$$\bar{\mu} = \dfrac{\sum c}{\sum n} = \dfrac{146}{276} = 0.529$$

对于样本号 1～6 有：

$$UCL = \overline{\mu} + 3\sqrt{\mu/n_1} = 0.529 + 3\sqrt{0.529/10} = 1.219$$

$$LCL = \overline{\mu} - 3\sqrt{\mu/n_1} = 0.529 - 3\sqrt{0.529/10} = -0.161（负数不考虑）$$

对于样本号 7～10 有：

$$UCL = 0.529 + 3\sqrt{0.529/14} = 1.112, LCL \text{ 为负数。}$$

对于样本号 11～15 有：

$$UCL = 0.529 + 3\sqrt{0.529/12} = 1.159, LCL \text{ 为负数。}$$

对于样本号 16～20 有：

$$UCL = 0.529 + 3\sqrt{0.529/20} = 1.017$$

$$LCL = 0.529 - 3\sqrt{0.529/20} = 0.041$$

可见，若样本大小不等，μ 控制图的上下控制界限是变化的。

绘制 μ 控制图如图 3-6 所示。

对于 c 控制图和 μ 控制图，点子超过下控制线表明生产过程更加稳定，所以一般可不画出下控制线。

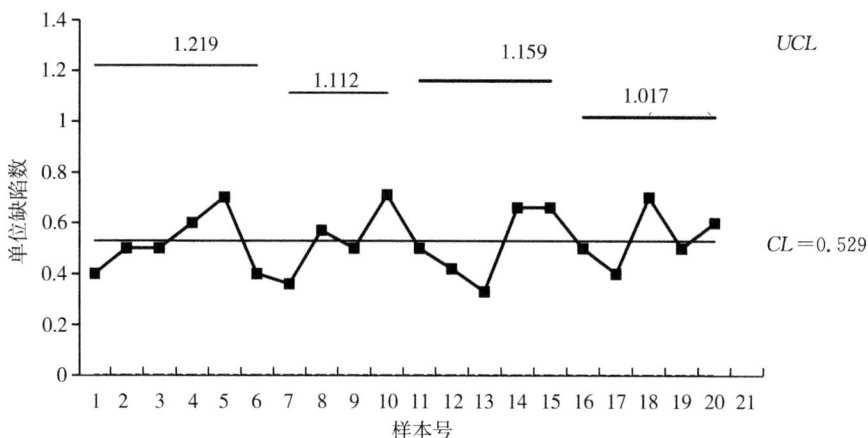

图 3-6 μ 控制图

3.5 控制图的观察分析

3.5.1 生产过程稳定的判断

生产过程处于稳定状态的判断条件有二：

①点子全部在控制界限之内；

②在控制界限内的点子排列无缺陷或者说点子无异常排列。

如果点子的排列是随机地处于下列情况，则可认为生产过程处于稳定状态：

a.连续 25 个点子在控制界限内；

b.连续 35 个点子，仅有 1 个点子超出控制界限；

c.连续 100 个点子,仅有 2 个点子超出控制界限。

3.5.2　生产过程不稳定的判断

只要具有下列条件之一,就可判断为生产过程不稳定:

①点子超过控制界限(点子在控制界限上,按超出界限处理)。

②点子在 $2\sigma \sim 3\sigma$ 范围之内(即控制界限附近),若出现下列情况之一,均可判定为生产过程不稳定:

a.连续 3 点子有 2 点子在 $2\sigma \sim 3\sigma$ 范围之内;

b.连续 7 点子有 3 点子在 $2\sigma \sim 3\sigma$ 范围之内,如图 3-7 所示;

c.连续 10 点子有 4 点子在 $2\sigma \sim 3\sigma$ 范围之内。

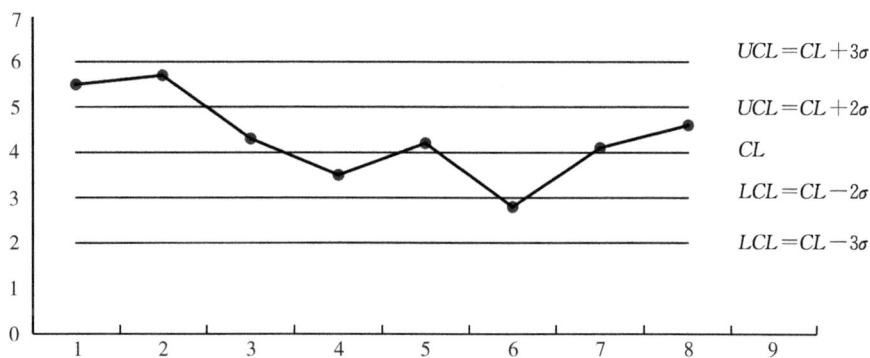

图 3-7　点子在 $2\sigma \sim 3\sigma$ 范围之内

③点子虽在控制界限内,但排列异常。即点子排列出现链、倾向、周期等缺陷之一。

a.连续链。当连续 7 个(或以上)点子出现在中心线一侧时,则判定为点子排列异常,如图 3-8 所示。

b.间断链。当出现下列情况之一时,则判定为点子排列异常:

连续 11 个点子中,至少有 10 个点子在中心线一侧,如图 3-9 所示;

连续 14 个点子中,至少有 12 个点子在中心线一侧;

连续 17 个点子中,至少有 14 个点子在中心线一侧;

连续 20 个点子中,至少有 16 个点子在中心线一侧。

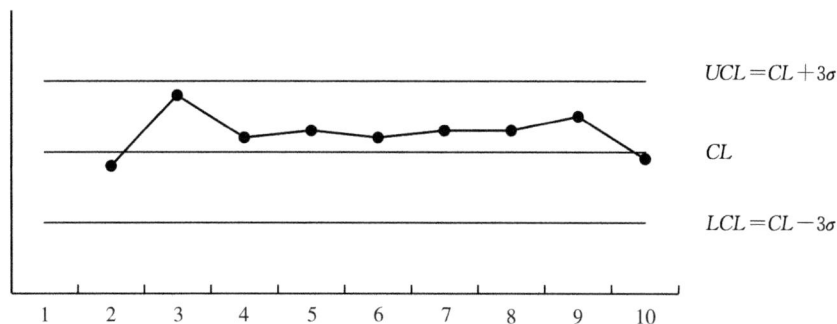

图 3-8　连续链

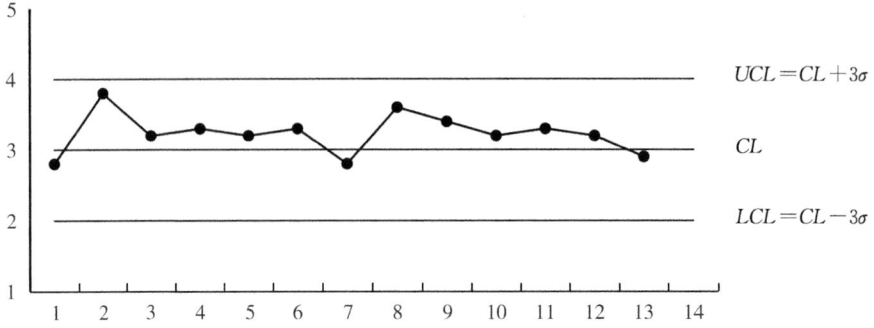

图 3-9　间断链

c.倾向。当连续上升或连续下降的点子超过 7 点时,则判定点子排列异常,如图 3-10所示。

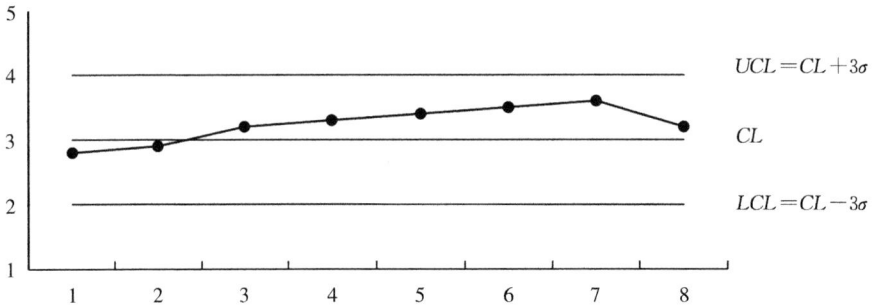

图 3-10　连续 7 点上升倾向

d.点子集中在中心线附近。指点子距离中心线在 1σ 以内。若连续 15 个点子集中在中心线附近,则判定点子排列异常。

e.点子排列呈现周期性变化。

若经过分析,生产过程处于控制状态,这时的控制图便可以供生产过程控制使用。若经过分析,生产过程不处于控制状态,必须找出原因,采取措施,进行调整,并再次抽取样本进行分析,直到生产过程处于控制状态后所取得的控制图才能提供给生产过程控制使用。

4　过程能力分析与应用

4.1　过程能力

4.1.1　概念

过程能力也称工序能力,是指在过程加工方面满足加工质量的能力,即过程的稳定程度,稳定程度越高生产能力就越强。对计量特性来讲,其标准差 σ 的大小可以反映过程稳定程度的高低。σ 值越小则过程越稳定,过程能力也就越强。当过程处于稳态时,产品的质量特性值有 99.73% 散布在区间 $[\mu-3\sigma,\mu+3\sigma]$(其中 μ 为产品特性值的总体均值,σ 为产品特性值总体标准差),即几乎全部产品特性值都落在 6σ 的范围内,因此,通常用 6σ 表示过程能力。其表达式为:$B=6\sigma$ 或 $B\approx 6s$。

4.1.2　影响因素

工序质量控制的任务是要把质量特性值控制在规定的波动范围内,使工序处于受控状态,能稳定地生产合格品,而工序质量是诸多因素综合作用的结果。影响工序质量的因素可以被归纳为 5M1E,即人、机器、材料、方法、测量、环境。

①人,与工序直接相关的操作人员、辅助人员的质量意识和操作技术水平;

②机器,包括设备的精度、工装的精度及其合理性、刀具参数的合理性等;

③材料,包括原材料、半成品、外协件的质量及其适用性;

④测量,测量方法及测量精度的适应性;

⑤方法,包括工艺方法及规范、操作规程的合理性;

⑥环境,指产品制造过程中所处的环境及劳动条件的适应性。

4.1.3　过程能力分类

过程能力分为短期过程能力和长期过程能力。

短期过程能力指的是仅受偶然因素影响的能力,这种能力体现了在稳定状态下的过程表现,主要反映短期的变异情况。

相对而言,长期过程能力则是由偶然因素和异常因素共同作用导致的总变异所形成的。

它不仅涵盖了短期变异,还反映了长期的实际变异情况。

4.2 过程能力指数

4.2.1 概念

过程能力指数也称工序能力指数,是度量过程能力满足标准要求的程度的数值,记为 C_p,通常是指公差范围与过程能力的比值。公差越大,σ 越小,则越能满足标准要求,此时生产合格品的能力就越强。

4.2.2 过程能力与过程能力指数的区别

过程能力是指工序具有的实际加工能力,而过程能力指数指的是过程能力对规格要求满足的程度。这是两个完全不同的概念,过程能力强并不等于对规格要求的满足程度高,相反过程能力弱也并不等于对规格要求的满足程度低。

4.3 过程能力指数的计算

计算过程能力指数是在工序质量特性值服从正态分布,即 $x \sim N(\mu, \sigma^2)$,工序处于受控状态下进行的。计算时,先通过抽取样本,测算样本均值 $\bar{x}$ 和样本标准差 s,并用以估计总体均值 μ 和总体标准差 σ。

4.3.1 计量值

计量数据是可以连续取值的,或者说是可以用测量工具具体测量出小数点以后数值的一类数据,其特点是数值可以在 0 到某个值之间连续变动,表现为连续数值,如长度、直径、重量、温度等。

(1)双侧无偏移

双侧规格界限是指既符合规格上限 T_u 要求,又符合规格下限 T_l 要求的情况,即当质量特性值在 $[T_l, T_u]$ 内则为合格产品;无偏移指规格中心 T_m 与分布中心 $\bar{x}$ 重合。双侧无偏移的情况下,过程能力指数 C_p 主要反映过程加工的一致性或分散程度,即"质量能力"。如果 C_p 值越大,说明过程的波动越小,质量能力越强,生产出的产品更有可能符合规格要求。

计算公式:

$$C_p = \frac{T}{6\sigma} = \frac{T_u - T_l}{6s}$$

[例 4.1] 设某厂生产一种零件,规格规定其直径应为 20 ± 0.02(mm),现随机抽取 100 个零件测定其直径,测得样本均值 $\bar{x} = 20$,样本标准差 $s = 0.005$,求出其过程能力指数。

解：公差中心

$$T_m = \bar{x} = 20$$

工序公差

$$T = T_u - T_l = 20.02 - 19.98 = 0.04$$

则

$$C_p = \frac{T}{6\sigma} = \frac{0.04}{6 \times 0.005} = 1.33$$

（2）双侧有偏移

双侧规格界限是指既符合规格上限 T_u 要求，又符合规格下限 T_l 要求的情况，即当质量特性值在 $[T_l, T_u]$ 内则为合格产品；有偏移指规格中心 T_m 与分布中心 $\bar{x}$ 不重合。这时，除了要考虑过程的分散程度外，还需要考虑过程中心与目标值的偏移量。为了综合反映这种情况下的过程能力，通常会使用另一个过程能力指数 C_{pk}。C_{pk} 不仅考虑了过程的一致性，还考虑了过程的偏移情况。因此，C_{pk} 可以看作是过程"质量能力"与"管理能力"（即减小偏移的能力）的综合体现。如果 C_{pk} 值大，说明过程不仅波动小，而且偏移也小，这样的过程更具稳定性。

计算公式：

偏移量 ε

$$\varepsilon = |T_m - \bar{x}|$$

偏移系数

$$k = \frac{\varepsilon}{T/2} = \frac{2|T_m - \bar{x}|}{T}$$

则有

$$C_{pk} = (1-k)C_p = \frac{T - 2\varepsilon}{6s}$$

[例 4.2] 设某厂生产一种零件，规格规定其直径应为 20 ± 0.02（mm），现随机抽取 100 个零件测定其直径，测得样本均值 $\bar{x} = 19.997$，样本标准差 $s = 0.005$，求出其过程能力指数。

解：公差中心 $T_m \neq \bar{x}$，此时

$$\varepsilon = |T_m - \bar{x}| = |20 - 19.997| = 0.003$$

工序公差

$$T = T_u - T_l = 20.02 - 19.98 = 0.04$$

则

$$C_{pk} = (1-k)C_p = \frac{T - 2\varepsilon}{6s} = \frac{0.04 - 2 \times 0.003}{6 \times 0.005} = 1.13$$

（3）单侧仅给上限

在过程能力分析中，当只有上限要求 T_u 时，主要关注的是过程输出的结果是否超出了

规定的上限,即当特征值 $X \leqslant T_u$ 时,产品质量合格。为了量化这种能力,需要使用单侧下限过程能力指数 C_{pu}。

计算公式:

$$C_{pu} = \frac{T_u - \mu}{3\sigma} = \frac{T_u - \bar{x}}{3s}$$

[例 4.3]　设某厂生产一种零件,规格规定其直径应为 $20^{+0.02}_{-0}$(mm),现随机抽取 100 个零件测定其直径,测得样本均值 $\bar{x} = 20$,样本标准差 $s = 0.005$,求出其过程能力指数。

解:

$$C_{pu} = \frac{T_u - \bar{x}}{3s} = \frac{20.02 - 20}{3 \times 0.005} = 1.33$$

(4)单侧仅给下限

在过程能力分析中,当只有下限要求 T_l 时,主要关注的是过程输出的结果是否超出了规定的下限,即当特征值 $X \geqslant T_l$ 时,质量为合格。为了量化这种能力,需要使用单侧下限过程能力指数 C_{pl}。

计算公式:

$$C_{pl} = \frac{\mu - T_l}{3\sigma} = \frac{\bar{x} - T_l}{3s}$$

[例 4.4]　设某厂生产一种零件,规格规定其直径应为 $20^{+0}_{-0.02}$(mm),现随机抽取 100 个零件测定其直径,测得样本均值 $\bar{x} = 20$,样本标准差 $s = 0.005$,求出其过程能力指数。

解:

$$C_{pl} = \frac{\bar{x} - T_l}{3s} = \frac{20 - 19.98}{3 \times 0.005} = 1.33$$

4.3.2　计数值

计数数据是不能连续取值的,或者说是即使使用测量工具也无法量出小数点以后数值的数据,一般只能以 0 或 1 表示,如不合格品数、疵点数等。

(1)计件值

计件值主要用来反映产品按件检查时所产生的属性。例如,一批产品中的合格数和废品数。计件值更侧重于评估产品的整体合格或不合格情况,常用于对生产过程的全面质量控制。计件值的计算类似于单侧仅给上限要求的情况,则:

$$C_p = \frac{T_u - \mu}{3\sigma}$$

当以不合格品数 d 作为质量指标时,上限要求为 d_u,取样本 k 个,每个样本大小为 n,每个样本中发现的不合格品数为 d_i,则平均不合格品率 $\bar{p}$ 为:

$$\bar{p} = \frac{\sum d_i}{nk}$$

过程能力指数 C_p 为：

$$C_p = \frac{P_u - \overline{p}}{3\sqrt{\dfrac{1}{n}\overline{p}(1-\overline{p})}}$$

[例 4.5] 某产品规格要求 $P_u = 0.1$，现取 5 个样本，每个样本容量均为 100，各样本中不合格品数分别为 $d_1 = 7, d_2 = 5, d_3 = 6, d_4 = 2, d_5 = 4$，求过程能力指数 C_p。

解：不合格品率为

$$\overline{p} = \frac{\sum d_i}{kn} = \frac{7+5+6+2+4}{5 \times 100} = 0.048$$

过程能力指数为

$$C_p = \frac{P_u - \overline{p}}{3\sqrt{\dfrac{1}{n}\overline{p}(1-\overline{p})}} = \frac{0.1 - 0.048}{3\sqrt{\dfrac{1}{100} \times 0.048(1-0.048)}} = 0.81$$

(2)计点值

计点值则是用来表示个体(如单件产品、单位长度、单位面积、单位体积等)上的缺陷数或质量问题点数。它更侧重于评估产品的具体质量缺陷，有助于发现生产过程中的具体问题，从而进行有针对性的改进。计点值类似于单向公差，若以缺陷数 c 作为检验产品的质量指标，以 c_U 作为标准要求，取 k 个样本，每个样本大小为 n ，则样本缺陷数的平均值 $\overline{c}$ 为：

$$\overline{c} = \frac{1}{k}\sum c_i$$

过程能力指数 C_p 为：

$$C_p = \frac{c_U - \overline{c}}{3\sqrt{\overline{c}}}$$

[例 4.6] 某产品规格要求单位产品平均缺陷上限 $c_U = 2$，取容量为 10 的样本 5 个，各样本中产品的缺陷数分别为 $c_1 = 7, c_2 = 5, c_3 = 6, c_4 = 2, c_5 = 4$，求过程能力指数 C_p。

解：平均值为

$$\overline{c} = \frac{1}{k}\sum c_i = \frac{7+5+6+2+4}{5 \times 10} = 0.48$$

过程能力指数为

$$C_p = \frac{c_U - \overline{c}}{3\sqrt{\overline{c}}} = \frac{2 - 0.48}{3\sqrt{0.48}} = 0.731$$

4.4 过程能力指数与不合格率的关系

4.4.1 C_p 与不合格率 p 的关系

当分布中心与标准中心重合时，计算合格品率为：

$$P(T_l \leqslant X \leqslant T_u) = \int_{\frac{T_l - \mu}{\sigma}}^{\frac{T_u - \mu}{\sigma}} \frac{1}{\sqrt{2\pi}} e^{-\frac{t^2}{2}dt}$$

$$= \Phi\left(\frac{T_u - \mu}{\sigma}\right) - \Phi\left(\frac{T_l - \mu}{\sigma}\right)$$

$$= \Phi\left(\frac{T}{2\sigma}\right) - \Phi\left(-\frac{T}{2\sigma}\right)$$

$$= \Phi(3C_p) - \Phi(-3C_p)$$

$$= 1 - 2\Phi(-3C_p)$$

故不合格品率为:

$$p = 1 - P(T_l \leqslant X \leqslant T_u)$$

$$= 2\Phi(-3C_p)$$

[例 4.7] 根据某工序加工零件的测试数据计算得出 $\bar{x} = 6.5, s = 0.0055$,规格要求为 $\Phi 6.5^{+0.015}_{-0.015}$,试求该工序的不合格品率。

解: 公差中心

$$T_m = \bar{x} = 6.5$$

过程能力指数

$$C_p = \frac{T}{6\sigma} = \frac{T_u - T_l}{6s} = \frac{6.515 - 6.485}{6 \times 0.0055} = 0.909$$

不合格率

$$p = 2\Phi(-3C_p) = 2\Phi(-2.727) = 2 \times 0.003197 = 0.006394 = 0.6394\%$$

则不合格率为 0.6394%

4.4.2 C_{pk} 与不合格率 p 的关系

当分布中心与标准中心不重合时,由上述推导过程可得出不合格品率为:

$$p = 1 - \Phi[3C_p(1-k)] + \Phi[-3C_p(1+k)]$$

[例 4.8] 测试一批零件外径尺寸的平均值为 $\bar{x} = 19.0101, s = 0.0143$,规格要求为 $\Phi 19^{+0.04}_{-0.03}$,试计算不合格品率。

解: 公差中心 $T_m \neq \bar{x}$,此时

$$\varepsilon = |T_m - \bar{x}| = |19.005 - 19.0101| = 0.0051$$

工序公差

$$T = T_u - T_l = 19.04 - 18.97 = 0.07$$

过程能力指数

$$C_{pk} = (1-k)C_p = \frac{T - 2\varepsilon}{6s} = \frac{0.07 - 2 \times 0.0051}{6 \times 0.0143} = 0.7$$

不合格率

$$p = 1 - \Phi[3C_p(1-k)] + \Phi[-3C_p(1+k)]$$

$$=1-\Phi(2.093)+\Phi(-2.804)=0.021=2.1\%$$

则不合格率为 2.1%

4.4.3 C_p-k-p 数值表法

如前所述,可由工序能力指数 C_p 和相对偏移系数 k 计算不合格品率。为应用方便,根据 C_p 和 k 值及式 $C_p=\dfrac{T}{6s}$,$k=\dfrac{\varepsilon}{T/2}$,借助 Excel 编制由工序能力指数 C_p 与相对偏移量 k 求总体不合格率 p 的数值表(表4-1)。由此可以方便地计算不合格率,称为 C_p-k-p 数值表法。

表 4-1 用 C_p 和 k 值估计不合格品率 P 单位:%

k	C_p												
---	0.03	0.04	0.08	0.12	0.16	0.20	0.24	0.28	0.32	0.36	0.40	0.44	0.48
0.50	13.36	13.34	13.64	13.99	14.48	15.10	15.86	16.75	17.77	18.92	20.19	21.58	23.09
0.60	7.19	7.26	7.48	7.85	8.37	9.03	9.85	10.81	11.92	13.18	14.59	16.51	17.85
0.70	3.57	3.64	3.83	4.16	4.63	5.24	5.99	6.89	7.94	9.16	10.55	12.10	13.84
0.80	1.64	1.69	1.89	2.09	2.46	2.94	3.55	4.31	5.21	6.28	7.53	8.98	10.62
0.90	0.69	0.73	0.83	1.00	1.25	1.60	2.05	2.62	3.34	4.21	5.27	6.53	8.02
1.00	0.27	0.29	0.35	0.45	0.61	0.84	1.14	1.55	2.07	2.75	3.59	4.65	5.94
1.10	0.10	0.11	0.14	0.20	0.29	0.42	0.61	0.88	1.24	1.40	2.39	3.23	4.31
1.20	0.03	0.04	0.05	0.08	0.13	0.20	0.31	0.48	0.72	1.06	1.54	2.19	3.06
1.30	0.01	0.01	0.02	0.03	0.05	0.09	0.15	0.25	0.40	0.63	0.96	1.45	2.13
1.40		0.00	0.01	0.01	0.01	0.04	0.07	0.13	0.22	0.36	0.59	0.93	1.45
1.50			0.00	0.01	0.02	0.03	0.06	0.11	0.20	0.35	0.59	0.96	
1.60				0.00	0.01	0.01	0.03	0.06	0.11	0.20	0.36	0.63	
1.70					0.00	0.01	0.01	0.03	0.06	0.11	0.22	0.40	
1.80						0.00	0.01	0.01	0.03	0.06	0.13	0.25	
1.90							0.00	0.01	0.01	0.03	0.07	0.15	
2.00								0.00	0.01	0.02	0.04	0.09	
2.10									0.00	0.01	0.02	0.05	
2.20										0.01	0.01	0.03	
2.30										0.00	0.01	0.02	
2.40											0.00	0.01	
2.50												0.01	
2.60												0.00	

4.5 过程性能指数 P_p 与 P_{pk}

4.5.1 过程性能

前面讨论的过程能力及过程能力指数 C_p 和 C_{pk} 都是在过程稳定的前提下,根据短期数据计算而得,C_p 和 C_{pk} 可以反映系统的稳定、短期的状态,但是不能反映系统的实际状态,于是 QS-9000 标准提出新概念"过程性能"。

(1)概念

过程性能即长期过程能力,其定义与过程能力相同,为过程标准差的 6 倍。因为过程性能描述过程的长期状态,故在计算时并不要求过程稳定,即不要求质量特性 x 一定服从正态分布,事实上,长期数据很难保持具有正态性,因为长期搜集到的数据包含短期内可能观察不到的波动。

(2)表达式

两者标准差的估计不同,分别记 σ_S 与 σ_L 为短期标准差和长期标准差,σ_S 可用样本标准差 s 或样本极差 R 修正得到,即:

$$\hat{\sigma}_S = \frac{s}{c_4} \text{ 或 } \hat{\sigma}_S = \frac{R}{d_2}$$

对于正态分布的数据,通常认为极差大约是标准差的 4 倍(这是一个经验规则,称为"四倍标准差规则")。但是这只是一个粗略的估计,并且依赖数据正态分布的假设。如果数据分布明显偏离正态分布,这种估计方法可能会产生较大的误差。因此如果需要更精确的标准差估计,最好直接使用标准差的定义和公式计算,而不是依赖极差估计。

长期标准差 σ_L 只能通过样本标准差 s 估计,由于长期数据至少有 100 个以上的数据,修偏系数 c_4 接近 1,故无须修偏。于是,

$$\hat{\sigma}_L = s$$

从而,有过程性能

$$6\sigma_L \approx 6\hat{\sigma}_L = 6s$$

式中,$s = \sqrt{\dfrac{1}{n-1}\sum(x_i - \bar{x})^2}$ 。

在分批抽样质检时,应注意避免计算过程性能可能会犯的两类错误:错误地使用某批次的标准差代替长期标准差,以及错误地用每批标准差的算术平均值作为长期标准差 $\hat{\sigma}_L$。

4.5.2 过程性能指数

过程性能指数也有多种,它们是 P_p、P_{pk}、P_{pu}、P_{pl},分别与过程能力指数 C_p、C_{pk}、C_{pu}、C_{pl} 对应。其定义相同,差别仅在于指数所涵盖的时间范围,前者为长期标准差,后者为稳态下的短期标准差。

（1）双侧无偏移过程性能指数 P_p

$$P_p = \frac{T_u - T_l}{6\sigma_L}$$

（2）单侧上限过程性能指数 P_{pu}

$$P_{pu} = \frac{T_u - \mu}{3\sigma_L}$$

（3）单侧下限过程性能指数 P_{pl}

$$P_{pl} = \frac{\mu - T_l}{3\sigma_L}$$

（4）双侧有偏移过程性能指数 P_{pk}

$$P_{pk} = \min\{P_{pu}, P_{pl}\}$$

4.5.3 过程性能指数的作用

至此我们提到了 8 种指数，其中 C 系列为短期过程能力指数，是指过程的固有过程能力指数；P 系列为过程性能指数，是长期过程能力指数。

一般而言，长期标准差的估计值 $\hat{\sigma}_L$ 大于稳态标准差的估计值 $\hat{\sigma}_S$，改进质量就是减小长期标准差的估计值 $\hat{\sigma}_L$，使之趋近稳态标准差的估计值 $\hat{\sigma}_S$，两者之间反映质量可以改进的范围称为过程稳定系数：

$$d_\sigma = \hat{\sigma}_L - \hat{\sigma}_S$$

而差的相对值，称为过程相对稳定系数：

$$d_{r\sigma} = \frac{\hat{\sigma}_L - \hat{\sigma}_S}{\hat{\sigma}_L}$$

利用过程相对稳定系数，可评估过程偏离稳态的稳定程度。可供参考的标准如表 4-2 所示。

表 4-2　过程相对稳定系数评估标准表

过程相对稳定系数 $d_{r\sigma}$ 的范围	评价
$d_{r\sigma} < 10\%$	接近稳定
$10\% \leqslant d_{r\sigma} < 20\%$	不太稳定
$20\% \leqslant d_{r\sigma} < 50\%$	不稳定
$d_{r\sigma} \geqslant 50\%$	很不稳定

4.6　过程能力的评价与处置

4.6.1 过程能力的评价

过程能力指数反映了生产合格品的能力大小，通常将他们分成若干个等级，以便针对不同的情况采取不同的措施来改进质量或降低成本(表4-3)。

表 4-3 过程能力等级表

过程能力等级	过程能力指数	过程能力判断
特级	$C_p > 1.67$	过强
一级	$1.67 \geqslant C_p > 1.33$	充足
二级	$1.33 \geqslant C_p > 1.00$	正常
三级	$1.00 \geqslant C_p > 0.67$	不足
四级	$C_p \leqslant 0.67$	严重不足

4.6.2 过程能力的处置

(1)特级:$C_p > 1.67$

对一般产品来讲,这时的过程能力过强。可以采取的措施有:缩小公差范围,放宽对特性值波动的限制;也可以改用精度较差的设备以降低成本;放宽质量检验,譬如采取免检等。但是对高科技产品往往要求 $C_p > 2$。

(2)一级:$1.67 \geqslant C_p > 1.33$

对一般产品来讲,这时的过程能力充足,往往是一种理想的状态。这种状态下对非关键性的特征值可以放宽对其波动的限制;一般应该用控制图进行质量控制,以保证其处于统计控制状态;对产品的检验可以放宽。

(3)二级:$1.33 \geqslant C_p > 1.00$

对一般产品来讲,这时的过程能力正常。这种状态下应该用控制图加以控制,防止发生大的波动;在 C_p 值接近 1.00 时,出不合格品的可能性增大,应加强对设备等的检查;对生产的产品应该进行抽样检验。

(4)三级:$1.00 \geqslant C_p > 0.67$

对一般产品来讲,这时的过程能力不足。应分析特性值波动大的原因并采取措施;对不影响最终质量的特性可以放大公差;对产品必须加强检验。

(5)四级:$C_p \leqslant 0.67$

对一般产品来讲,这时的过程能力严重不足。应从多方面分析原因,对工艺进行根本的改革;对已生产的产品要严格检查。

4.7 几种过程能力的比较、形成原因分析及改善

4.7.1 正态分布

正常生产条件下计量的质量特性值的分布大多为正态分布,从中获得的数据直方图为中间高、两边低、左右基本对称的正态分布直方图(图4-1)。

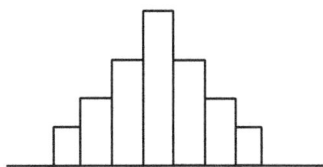

图 4-1　正态分布直方图

4.7.2　非正态分布

在实际问题中还会出现其他类型的直方图,即非正态分布直方图,应分析出现这些图形的原因,便于采取措施改进质量。

(1)偏态型分布

偏态型分布直方图(图 4-2)有两种常见的形状,一种是峰偏在左边,而右边的尾巴较长,另一种是峰偏在右边,而左边的尾巴较长。造成这种形状的原因是多方面的,有时是由剔除了不合格品后造成的,也有的是由质量特性值的单侧控制造成的,譬如加工孔的时候习惯于孔径"宁小勿大",而加工轴的时候习惯于"宁大勿小"等。

(2)孤岛型分布

孤岛型分布直方图(图 4-3)往往表示出现某种异常,譬如原材料发生了某种变化,生产过程发生了某种变化,有不熟练的工人替班等。

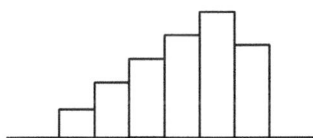

图 4-2　偏态型分布直方图　　**图 4-3　孤岛型分布直方图**

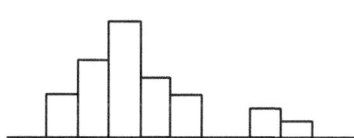

(3)锯齿型分布

锯齿型分布直方图(图 4-4)可能是由测量方法不当,或者是量具的精度较差引起的,也可能是由分组不当引起的。

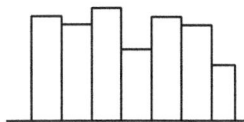

图 4-4　锯齿型分布直方图

(4)平顶型分布

平顶型分布直方图(图 4-5)往往是由生产过程中某些缓慢变化的因素造成的,譬如刀具的磨损等。

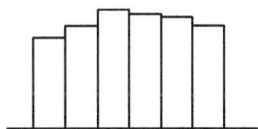

图 4-5　平顶型分布直方图

（5）双峰型分布

双峰型分布直方图（图 4-6）往往是由两批不同的原材料生产的产品混合在一起，或将两个不同操作水平的工人生产的产品混在一起等造成的。

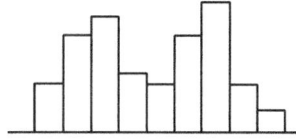

图 4-6 双峰型分布直方图

4.8 过程能力调查

4.8.1 过程能力调查的程序

过程能力调查程序如图 4-7 所示。

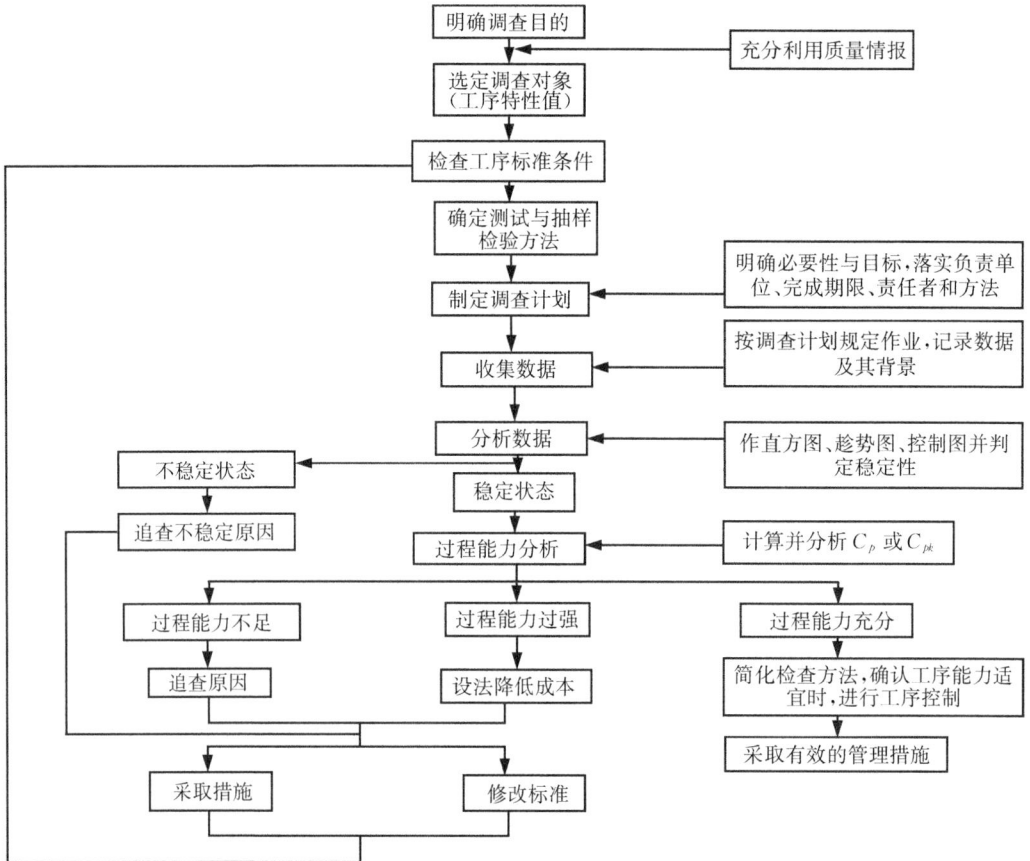

图 4-7 过程能力调查程序

4.8.2 过程能力调查的应用

（1）工艺验证

工艺验证就是通过工艺实施，验证设计的可行性和合理性。它是联系设计和制造的纽带。在工艺验证中通过过程能力调查，可以达到：

①选择既可实现设计质量，又经济、合理的设备、工艺、原料与技术；

②确认事宜的过程能力，并确定与之相适应的工艺规程、技术标准、作业指导书及管理对象与方法等；

③对设计的合理性进行验证，并提出修改设计的依据。

（2）工艺诊断

过程质量水平需要提高、生产过程不稳定以及过程质量水平显著下降等情况，都必须进行过程能力调查。它可为工艺诊断提供可靠的资料和依据。

（3）技术经济分析

例如，对比不同加工过程的过程能力、质量水平和经济性；从适宜的过程能力出发确定经济合理的设备维修与保养标准；为技术改造、设备更新提供经济合理的过程能力依据等。

5 试验设计

5.1 试验设计概述

5.1.1 试验设计的基本概念

1.试验

试验,又称实验,是用于回答一个或几个精心设计的问题的实践活动。

试验和实验都对应着一个英语单词 experiment,严格地讲,试验和实验还是有区别的:试验意为对未知的方法和结论的探索和研究;实验意为对已知的方法和结论进行验证。在科学研究领域通常不加以区分,都指对未知事物的探索和研究。

2.试验设计

试验设计,又称实验设计,是指在明确所要考察的因子及研究目的后,对试验进行科学合理的安排,以达到最佳的试验效果。

试验设计是试验过程的依据,是试验数据处理的前提,也是提高科学研究水平的一种重要技术手段和方法。试验设计的目的是避免系统误差,控制、降低试验误差,无偏估计处理效应,从而对样本所在总体做出可靠、正确的推断。

一个科学而完善的试验设计,能够合理地安排各种试验因子,严格控制试验误差,而且能够有效地分析试验数据,从而用较少的人力、物力、财力和时间最大限度地获取丰富而可靠的试验资料和科研成果。反之,如果试验设计存在缺陷,就必然会造成浪费,乃至不可挽回的损失,大大降低研究结果的价值。

3.试验指标

试验指标,又称响应变量,用于衡量或考核试验效果的特性值。

试验指标可分为两类,定量指标和定性指标。试验结果能够以数值表示的指标为定量指标,如作物的株高、茎围、产量,动物的体重,蛋白质的含量等。试验结果呈现属性变化,不能用测量或称量的方法表示,而只能按类别和等级来表示的指标为定性指标,如种子的发芽与否、花的颜色、药物的疗效、风害程度等。

由于定量指标含有丰富的信息,所以试验设计中要尽量选用定量指标,不得已时才选用定性指标。

只有一个试验指标的统计分析方法称为一元统计分析或单变元统计分析,含有两个或两个以上试验指标的统计分析方法称为多元统计分析。

4. 试验对象

试验对象,也叫受试对象,是指试验所用的试验材料。

试验对象选择的合适与否直接关系到试验的难易度,以及他人对试验新颖性和创新性的评价。试验所需试验材料的选取应该具有最大的代表性,避免以偏概全。

5. 试验因子

对试验指标产生影响,在试验中需加以考虑的试验条件称为试验因子,简称因子或因素。

只有一个试验因子的试验称为单因子试验;包含两个或两个以上试验因子的试验称为复因子试验,或称为多因子试验。

试验因子数不要太多,以免试验设计过于复杂,试验难以完成。需要注意的是,影响实验结果的因子往往很多,但在试验时仅能挑选出一部分重要的可控因子进行试验。

6. 水平

在安排试验时,每个试验因子的不同状态取值或具体措施称为该因子的水平。

因子的水平有定量水平和定性水平之分。如果因子的水平以量化的形式来表示,则该因子的水平为定量水平;如果因子的水平以类别的形式来表示,则该因子的水平为定性水平。

确定因子的各个水平时,既要根据试验目的和实践经验来确定,又要考虑因子的水平数对试验处理数的影响。试验处理数过少则试验的精确度低,试验处理数过多则难以实现。因子水平数一般取 2～5。

7. 处理

按照试验因子的给定水平对试验对象所做的操作称为处理。

在单因子试验中,该因子的每一个水平的实施就是一个处理;在复因子试验中,各个因子的任一水平所组成的组合称为一个处理,或称处理组合。

8. 对照

对照是指在比较试验中设置不施加需要考察的试验条件的处理,用于鉴别和区分真正要考察的试验处理。

对照也是一种处理,安排试验时应与其他处理的试验条件相同,在统计分析中作为试验因素的一个水平。

对照的种类很多,可以根据研究的目的、对象和内容进行设置,可分为以下几种:

(1)空白对照

对照组不施加任何处理因素。这种方法简单易行,但在动物或医学试验中,容易引起对照组和试验组的动物在情绪上的差异,从而影响试验效应的测定。

(2)试验(条件)对照

对照组不施加任何处理因素,但施加与处理组相同的试验条件。凡是对试验效应产生影响的试验条件,都应该采用这种方法。如考察某种注射药剂对试验动物的作用,对照组的动物也要注射相同剂量的生理盐水。

(3)标准对照

用现有的国家、行业标准或大家公认的常规量作为对照。

(4)自身对照

对照和处理在同一试验对象上进行,即对同一个试验对象施加某种处理前的试验效应作为施加处理后的对照。自身对照在动物或医学试验中常用,这种对照的试验条件一般比较均匀,试验误差较小。

(5)相互对照

有些试验中不单独设置或不适宜设置对照组,各处理之间相互比较,即相互作为对照。

(6)历史对照/中外对照

用试验结果与历史上或国外同类试验结果相比较,这种比较由于组间均匀性差,一般不宜采用。

5.1.2　试验设计的基本原则

为了减少或降低试验误差,正确估计试验误差,提高试验的准确性和精度,需要遵循重复、区组和随机化三个基本原则。

1. 重复(Replication)

重复是指一个试验处理在相同条件下进行若干次独立的重复试验。各处理的重复数相等时称为平衡设计;各处理的重复数不等时称为不平衡设计。

重复测量所指的重复不是试验设计意义上的重复,如一个试验处理的多次测量值和一个处理不同试验周期的测量值,这些测量值不独立。

重复的作用包括以下几个方面:

(1)估计试验误差

试验误差是客观存在的,但只有通过一个处理的重复试验才能估计,如果在一个处理上有 n 次重复,则试验指标的实测值 y 和真实值 μ 之间的试验误差 ε 服从正态分布 $N(0, \sigma^2)$。则 σ 的估计:

$$\hat{\sigma} = s = \left[\frac{1}{n-1} \sum (y_i - \bar{y})^2 \right]^{\frac{1}{2}}$$

(2)降低试验误差

重复是降低试验误差、提高试验结果精确度的一个重要方法,统计学已经证明误差与重复次数的平方根成反比,适当增加重复可以减少误差。

(3)增强代表性

一次试验的结果,很可能带有偶然性,增加重复数可以扩大试验的代表性,可以更广泛地认识试验的影响与适应范围。

2. 区组（Block）

区组，又称局部控制，由于试验条件具有不均匀性，人为地把时间、空间、试验材料和试验设备等试验条件划分成若干个区组，使区组内的试验条件相同或者相近，而区组之间允许存在较大的差异。

区组也是影响试验指标的因素，但并不是真正要研究、考察的因素，因此也称非试验因素。

区组能够分离非试验因素引起的变异，进而减少试验误差，提高试验的精确度，保证分析结果的正确性。

通常情况下，一个区组当中应该安排所有的试验处理（组合），一个区组就可以看作一次重复，安排几个区组就相当于安排了几次重复，只不过各次重复之间可能存在一些试验条件上的差异而已。

3. 随机化（Randomization）

随机化是指试验中任何一个处理都随机地安排在任何一个试验单元上，即试验所用的仪器、试验材料、试验操作人员以及试验单元的次序也要随机确定。

随机化能使各试验结果相互独立，有效地降低系统误差，其作用是正确地估计试验误差。

常用的随机化方法主要有：随机数表法、计算机生成随机数法和抽签法。

综上所述，试验设计三个基本原则的关系和作用如图 5-1 所示。

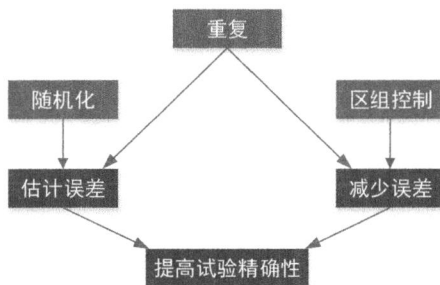

图 5-1　试验设计基本原则的关系和作用

5.1.3　试验方案的制定与实施

①根据研究的问题，确定研究的对象和目标，明确试验的目的与任务。

②试验指标一定要能为研究的问题提供重要信息。

③选择试验因子及其水平，如果需要可先做主次因子的筛选试验。

④根据试验因子、水平及重复数，人力、物力、时间等因素选择合适的试验设计方案。

⑤按计划完成每一次试验，记录试验结果。

⑥对试验数据进行适当整理和统计分析，获得一些统计分析的结果。

⑦验证试验，确认无误时，再填写试验报告。

5.2 正交试验

5.2.1 正交试验的基本概念

正交试验,是以概率论和数理统计为理论基础,科学安排多因子试验的一类实用性很强的数学方法。它所研究的内容是如何合理地安排试验以使试验次数尽可能少并正确地分析试验数据,是一种高效率、快速、经济的试验设计方法。

日本著名的统计学家田口玄一将正交试验选择的水平组合列成表格,这个表格称为正交表。正交表是一整套规则的设计表格。正交表可用 $L_n(t^c)$ 表示,其中 L 为正交表的代号,n 为试验的次数,t 为水平数,c 为列数,也就是可能安排最多的因子个数。例如 $L_9(3^4)$,它表示需作 9 次试验,最多可观察 4 个因子,每个因子均为 3 水平(表 5-1)。一个正交表中也可以各列的水平数不相等,我们称它为混合型正交表,如 $L_8(4 \times 2^4)$。

表 5-1　$L_9(3^4)$ 正交表展示

试验号	列号			
	1(A)	2(B)	3(C)	4(D)
1	1	1	1	1
2	1	2	2	2
3	1	3	3	3
4	2	1	2	3
5	2	2	3	1
6	2	3	1	2
7	3	1	3	2
8	3	2	1	3
9	3	3	2	1

5.2.2 正交试验法的原理

正交试验法是一种通过设计正交表,减少试验次数,同时有效分析多因子影响的试验设计方法。它的基本思想是将影响结果的多个因素进行合理组合,以便在最少的试验次数下获得尽可能多的有用信息。

在试验设计中,正交表是核心,它根据均衡和独立性的原则,确保每个因素水平在所有组合中尽可能均匀分布。

在正交设计中,水平数增加,全面试验次数呈指数级增长。正交表的使用则帮助减少不必要的试验次数,如表 5-2 展示了一个三因子、两水平的试验设计(即 2^3 设计),共有 8 次试验组合。这 8 次试验涵盖了各个因子 A、B、C 在不同水平下的组合情况。每个因子有两个水平(如 A_1 和 A_2),通过正交设计,能够考察每个因子在不同水平下的效果。

如图 5-2 所示,每一个点代表一个具体的试验组合,比如 $A_1B_1C_1$ 代表因子 A、B、C 都处于水平 1 的组合。这种设计可以在 8 次试验中全面考察 3 个因素及其交互作用。

表 5-2　3 因素 2 水平正交表示意

试验号	列号			试验指标
	1(A)	2(B)	3(C)	
1	1	1	1	y_1
2	1	2	2	y_2
3	2	1	2	y_3
4	2	2	1	y_4

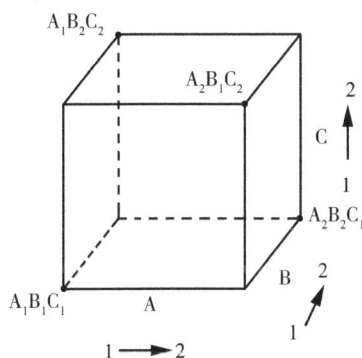

图 5-2　3 因子 2 水平全面试验次数的图解示意

5.2.3　正交表的特点

1. 均衡搭配性

如 $L_8(2^7)$ 用 8 次试验代表了全部 $2^7 = 128$ 次试验中好的、中等的、不好的各种搭配条件;$L_9(3^4)$ 用 9 次试验代表了全部 $3^4 = 81$ 次试验中好的、中等的、不好的各种搭配条件。

2. 综合可比性

$\overline{A_1} = (y_1 + y_2)/2$,即因子 A 的 1 水平的效应值为 $\overline{K_{A_1}}$;

$\overline{A_2} = (y_3 + y_4)/2$,即因子 A 的 2 水平的效应值为 $\overline{K_{A_2}}$。

那么 $\overline{K_{A_1}}$ 和 $\overline{K_{A_2}}$ 就有可比性。因为在 A_1 条件下及 A_2 条件下的 2 次试验中,因子 B、C 都取遍两种水平,且两种水平出现的次数相同,各为 2 次,这就是说,对于 A_1 条件下的两次试验和 A_2 条件下的两次试验来说,虽然其他条件(B、C)在变动,但这种变动是"平等"的,造成试验条件是平等的,因而 $\overline{K_{A_1}}$、$\overline{K_{A_2}}$ 具有可比性。

同理,对其他因子(B、C)也可进行类似的综合比较。

综上所述,综合可比性是均衡搭配的结果,也是数据分析的依据。

5.2.4 正交试验的方法步骤

①明确试验目的,确定试验指标;

②找出制表因子,确定水平数;

③选取适合的正交表,进行表头设计;

④按照正交表试验方案,进行试验并记录试验结果;

⑤进行试验并记录结果;

⑥对试验结果进行统计分析

⑦进行验证试验,作进一步分析

5.3 多因子正交试验设计

5.3.1 问题的提出

[**例 5.1**] 在浑浊水净化的最佳试验条件的优选中,水的净化效果受到药剂的种类、投加量、反应时间、沉淀时间的影响,具体情况如表 5-3 所示。

表 5-3 浑浊水净化试验因子水平表

药剂种类	投加量/(mg·L^{-1})	反应时间/min	沉淀时间/min
絮凝剂	10	5	30
缓蚀剂	20	10	45
脱色剂	30	20	60

本试验要考察 4 个因子,每个因子 3 个水平,需要做 $3^4 = 81$ 次试验。

若将水平数增加到 4 个,全面试验次数将增加到 $4^4 = 256$ 次;若进一步考虑 5 个因子,每个因子同样设定为 4 个水平,全面试验次数将增加到 $4^5 = 1024$ 次。

可见全面试验的试验次数之庞大,这不仅增加了时间和资源的消耗,还会增加数据处理的复杂程度。

5.3.2 多因子试验存在的两个矛盾

1. 全面试验的次数与实际可行的试验次数之间的矛盾

解决办法:用一种合理的科学的方法挑选出少数几个有代表性的试验做。

2. 实际所做的少数试验与要求掌握的事物的内在规律之间的矛盾

解决办法:对所挑选的几个试验的试验结果进行科学分析(数据分析),从而找出事物的内在规律性。

5.3.3 正交试验设计结果的直观分析

1. 单指标正交试验设计及其结果的直观分析

[**例 5.2**] 污泥厌氧消化试验的因子水平和试验方案见表 5-4、表 5-5,正交试验结果见

表 5-6。

表 5-4　污泥厌氧消化试验因子水平

试验号	列号		
	温度(℃)	泥龄(d)	污泥投配率(%)
1	25	5	5
2	35	10	8

表 5-5　污泥厌氧消化试验方案

试验号	因子(列号)			试验指标
	A	B	C	产气量(L/kgCOD)
	温度(℃)	泥龄(d)	污泥投配率(%)	
1	25(1)	5(1)	5(1)	
2	25(1)	10(2)	8(2)	
3	35(2)	5(1)	8(2)	
4	35(2)	10(2)	5(1)	

表 5-6　污泥厌氧消化试验正交试验

试验号	因子(列号)			试验指标
	A	B	C	产气量(L/kgCOD)
	温度(℃)	泥龄(d)	污泥投配率(%)	
1	25(1)	5(1)	5(1)	627(y_1)
2	25(1)	10(2)	8(2)	682(y_2)
3	35(2)	5(1)	8(2)	817(y_3)
4	35(2)	10(2)	5(1)	728(y_4)
$\overline{K_1}$	654.2	722	677.5	
$\overline{K_2}$	772.5	705	749.5	
R	118	17	72	

由表 5-5 可知,因子主—次顺序:温度—污泥投配率—泥龄

较好水平组:温度 35℃,污泥投配率 8%,泥龄 5d。

[例 5.3]　一种新型食品乳化剂,通过酯化反应制得,现对其合成工艺进行优化,以提高乳化剂的乳化能力。

根据探索性试验,确定的因子与水平如表 5-7。

表 5-7　食品乳化剂工艺因子和水平

水平	A 温度(℃)	B 酶化时间(h)	C 催化剂种类
1	130	3	甲
2	120	2	乙
3	110	4	丙

步骤:

①选正交表:$L_9(3^4)$。

②表头设计见表5-8。

表5-8 食品乳化剂工艺正交试验表头

因子	A	空列	B	C
列号	1	2	3	4

③明确试验方案,按规定的方案做试验,得出试验结果。

④计算水平效应值,求极差,确定因子的主次顺序。

⑤确定优方案。

⑥进行验证试验,做进一步的分析。最终结果见表5-9。

表5-9 食品乳化剂工艺正交试验表

试验号	A 温度(℃)	空列	B 酶化时间(h)	C 催化剂种类	乳化能力
1	1(130)	1	1(3)	1(甲)	0.56
2	1(130)	2	2(2)	2(乙)	0.74
3	1(130)	3	3(4)	3(丙)	0.57
4	2(120)	1	2(2)	3(丙)	0.87
5	2(120)	2	3(4)	1(甲)	0.85
6	2(120)	3	1(3)	2(乙)	0.82
7	3(110)	1	3(4)	2(乙)	0.67
8	3(110)	2	1(3)	3(丙)	0.64
9	3(110)	3	2(2)	1(甲)	0.66
K_1	1.87	2.10	2.02	2.07	
K_2	2.54	2.23	2.27	2.23	
K_3	1.97	2.05	2.09	2.08	
$\overline{K_1}$	0.623	0.700	0.673	0.690	
$\overline{K_2}$	0.847	0.743	0.757	0.743	
$\overline{K_3}$	0.657	0.683	0.697	0.693	
极差 R	0.67	0.18	0.25	0.16	
因子主—次顺序		A—B—C 温度—酶化时间—催化剂种类			
最佳水平组		$A_2B_2C_2$ 温度120℃,酶化时间2h,催化剂种类:乙			

2.多指标正交试验设计及其结果的直观分析

常用的方法有两种。

(1)指标拆开单个处理综合分析法

第一步 将各个指标值(试验结果)填入表内。将多个指标拆开,按各个单指标正交试验分别计算各因子不同水平的效应值及极差 R。

第二步　分指标按极差大小列出因子的主次顺序,经综合分析后确定因子主次。

第三步　综合考虑多个指标,确定各因子的最佳水平。

[例 5.4]　某陶瓷厂为提高产品质量,要对产品原料进行配方试验。要检验 3 项指标:抗压强度、落下强度和裂纹度,前两个指标越大越好,第三个指标越小越好。根据以往的经验,配方有 3 个重要因子:水分、粒度和碱度。它们各有 3 个水平,具体数据如表 5-10、表 5-11 所示。试进行试验分析,找出最好的配方方案。

表 5-10　陶瓷厂配方试验因子水平表

因子水平	A 水分/%	B 粒度/%	C 碱度/%
1	8	4	1.1
2	9	6	1.3
3	7	8	1.5

表 5-11　陶瓷厂配方正交试验表

试验号	A 水分/%	B 粒度/%	C 碱度/%	空白列	抗压强度 /(kg·个$^{-1}$)	落下强度 /(0.5m·次$^{-1}$)	裂纹度
1	1(8)	1(4)	1(1.1)	1	11.5	1.1	3
2	1(8)	2(6)	2(1.3)	2	4.5	3.6	4
3	1(8)	3(8)	3(1.5)	3	11.0	4.6	4
4	2(9)	1(4)	2(1.3)	3	7.0	1.1	3
5	2(9)	2(6)	3(1.5)	1	8.0	1.6	2
6	2(9)	3(8)	1(1.1)	2	18.5	15.1	0
7	3(7)	1(4)	3(1.5)	2	9.0	1.1	3
8	3(7)	2(6)	1(1.1)	3	8.0	4.6	2
9	3(7)	3(8)	2(1.3)	1	13.4	20.2	1

分别对各指标进行直观分析,得出因子的主次和优方案如表 5-12。

表 5-12　陶瓷厂配方因素和优方案

指标		A 水分/%	B 粒度/%	C 碱度/%
抗压强度/ (kg·个$^{-1}$)	$\overline{K_1}$	9.0	9.2	12.7
	$\overline{K_2}$	11.2	6.8	8.3
	$\overline{K_3}$	10.1	14.3	9.3
	极差 R	2.2	7.5	4.4
	因子主—次	B—C—A		
	优方案	$A_2B_3C_1$		
落下强度 /(0.5m·次$^{-1}$)	$\overline{K_1}$	3.1	1.1	6.9
	$\overline{K_2}$	5.9	3.3	8.3
	$\overline{K_3}$	8.6	13.3	2.4
	极差 R	5.5	12.2	5.9
	因子主—次	B—C—A		
	优方案	$A_3B_3C_2$		

续表 5-12

指标		A 水分（%）	B 粒度（%）	C 碱度（%）
裂纹度	$\overline{K_1}$	3.7	3.0	1.7
	$\overline{K_2}$	1.7	2.7	2.7
	$\overline{K_3}$	2.0	1.7	3.0
	极差 R	2.0	1.3	1.3
	因子主—次	A—B—C 或 A—C—B		
	优方案	$A_2B_3C_1$		

不同指标对应的优方案是不同的,利用指标拆开单个处理方法的平衡过程如下:

①粒度 B 对各指标的影响

对于抗压强度和落下强度指标,粒度 B 是影响最大的因子,且以第 3 水平最好;对于裂纹度指标,粒度不是影响最大的因子,但也以第 3 水平最好。总的来说,对 3 个指标来讲,粒度都是以取 8% 为好。

②碱度 C 对各指标的影响

对 3 个指标来说,碱度 C 不是影响最大的因子,是较次要的因子。其中,对于抗压强度和裂纹度指标,碱度取第 1 水平即 1.1% 为好;对于落下强度指标,碱度取第 2 水平即 1.3% 最好。综合考虑,碱度取第 1 水平即 1.1% 为好。

③水分 A 对各指标的影响

对于裂纹度指标,水分是影响最大的因子,且取第 2 水平 9% 为好;对于抗压强度和落下强度指标,水分 A 是影响较小的因子。3 个指标综合考虑,应照顾水分对裂纹度的影响,还是取第 2 水平 9% 为好。

通过各因子对各指标影响综合分析,得出较好的试验方案 $A_2B_3C_1$,即水分取第 2 水平 9%,粒度取第 3 水平 8%,碱度取第 1 水平 1.1%。

在综合分析时应遵循的原则:

①对于某个因子,可能对某个指标是主要因子,但对另外的指标则可能是次要因子,在确定该因子的优水平时,应首先选取作为主要因子时的优水平。

②若某因子对各指标的影响程度相差不大,这时可按"少数服从多数"的原则,选取出现次数较多的优水平。

③当因子各水平相差不大时,可依据降低消耗、提高效率的原则选取合适的水平。

④若各试验指标的重要程度不同,则在确定因子优水平时应首先满足相对重要的指标。

(2)综合评分法

①指标叠加法。将多指标按某种计算公式计算叠加,将多指标化为单指标,而后进行正交试验直观分析。

叠加公式

$$y = ay_1 + by_2 + \cdots + ny_i$$

式中,y 是多指标综合后的指标;y_1,y_2 是各单项指标;a,$b\cdots n$ 是系数,其大小正负要视指标性质和重要程度而定,若各指标同等重要,则 $a = b = \cdots = n = 1$。

②排队评分法。将全部试验结果按照指标从优到劣进行排队,最优的给 100 分,其后的依次减少,减少分数大体上与它们效果的差距相对应。这种方法虽然粗糙但比较简便。

结果分析的可靠性主要取决于评分的合理性,如果评分标准、评分方法不合适,指标的权数不恰当,所得到的结论就不能反映全面情况,所以如何确定合理的评分标准和各指标的权数,是综合评分的关键,它有赖于专业知识、经验和实际要求,单纯从数学上是无法解决的。

[**例 5.5**] 为了测试某种污水回收重复使用的可能性,建立正交试验表进行混凝沉淀试验,以出水 COD、SS 作为评价指标。

①若 COD、SS 指标具有同等重要性,则采用综合指标 $y = y_1 + y_2$ 的计算方法。试验结果见表 5-13。

表 5-13 污水回收正交试验表

试验号	药剂种类	投加量/(mg·L⁻¹)	反应时间/min	空白列	出水 COD	出水 SS	综合评分 COD+SS
1	甲	15	3	1	37.8	24.3	62.1
2	甲	5	5	2	43.1	25.6	68.7
3	甲	20	1	3	36.4	21.1	57.5
4	乙	15	5	3	17.4	9.7	27.1
5	乙	5	1	3	21.6	12.3	33.9
6	乙	20	3	2	15.3	8.2	23.5
7	丙	15	1	2	31.6	14.2	45.8
8	丙	5	3	3	35.6	16.7	52.3
9	丙	20	5	1	28.4	12.3	40.7
K_1	188.3	135.0	138.0	136.7			
K_2	84.5	155.0	136.0	138.0			
K_3	138.9	121.7	137.2	137.0			
$\overline{K_1}$	62.77	45.00	46.00	45.57			
$\overline{K_2}$	28.17	51.67	45.50	46.00			
$\overline{K_3}$	46.30	40.57	45.73	45.67			
极差 R	34.60	11.10	0.50	0.43			
因子主—次	药剂种类—投加量—反应时间						
最佳水平组	药剂种类乙、投加量 20mg/L、反应时间 5min						

②如果 COD 指标比 SS 指标重要得多,则采用 $y = ay_1 + by_2$ 的计算法,此时 COD、SS 均是越小越好,因此取 $a < 1$,$b = 1$ 的系数进行指标叠加。本例采用 $y = 0.5COD + SS$,计算结果见表 5-14。

表 5-14　更改指标后的污水回收正交试验表

试验号	药剂种类	投加量/ (mg·L⁻¹)	反应时间/ min	空白列	出水 COD	出水 SS	综合评分 0.5COD+SS
1	甲	15	3	1	37.8	24.3	43.2
2	甲	5	5	2	43.1	25.6	47.2
3	甲	20	1	3	36.4	21.1	39.3
4	乙	15	5	3	17.4	9.7	18.4
5	乙	5	1	1	21.6	12.3	23.1
6	乙	20	3	2	15.3	8.2	15.9
7	丙	15	1	2	31.6	14.2	30.0
8	丙	5	3	3	35.6	16.7	34.5
9	丙	20	5	1	28.4	12.3	26.5
K_1	129.7	91.6	93.7	92.8			
K_2	57.4	104.9	92.1	93.1			
K_3	91.1	81.7	92.4	92.3			
$\overline{K_1}$	43.23	30.53	31.23	30.93			
$\overline{K_2}$	19.13	34.97	30.70	31.03			
$\overline{K_3}$	30.37	27.23	30.80	30.77			
极差 R	24.10	7.74	0.53	0.26			
因子 主—次	药剂种类—投加量—反应时间						
最佳 水平组	药剂种类乙、投加量20mg/L、反应时间5min						

3.有交互作用的正交试验设计及其结果的直观分析

交互作用的判别:设有两个因子 A 和 B,它们各取两个水平 A_1、A_2 和 B_1、B_2,这样 A、B 共有 4 种水平组合,在每种组合下各做一次试验,试验结果如表 5-15、表 5-16 所示。

表 5-15　判别交互作用试验数据表 1

因子	A_1	A_2
B_1	25	35
B_2	30	15

表 5-16　判别交互作用试验数据表 2

因子	A_1	A_2
B_1	25	35
B_2	30	40

从图 5-3 中看出,一个因子从一个水平变化到另一个水平,试验指标变化趋势相反,与另一

个因子取哪一个水平有关。此时,可认为 A 与 B 之间有交互作用。图 5-4 则可以认为 A 与 B 之间无交互作用。

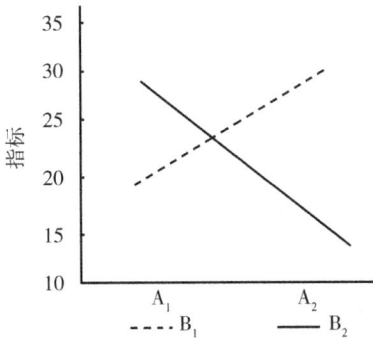

图 5-3　指标有交互作用　　　　图 5-4　指标无交互作用

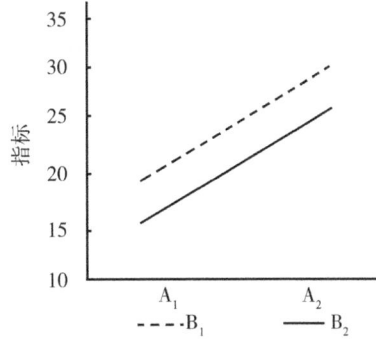

[例 5.6]　用石墨炉原子吸收分光光度计测定食品中的铅,为提高测定灵敏度,希望吸光度大。为提高吸光度,对 A(灰化温度℃)、B(原子化温度℃)和 C(灯电流 mA)三个因子进行考察,并考虑交互作用 A×B,A×C,各因子及水平见表 5-17。试进行正交试验,找出最优水平组合。

表 5-17　因子水平表

水平	A	B	C
1	300	1800	8
2	700	2400	10

解:(1)选表

由于交互作用 A×B、A×C 也被视为因子,所以本例应按 5 因子 2 水平的情况选择正交表,选择满足这一条件的最小正表 $L_8(2^7)$ 来安排正交试验。

(2)表头设计

关于表头设计,有两种方法:

方法 1　查所选正交表对应的交互作用表,如表 5-18 为 $L_8(2^7)$ 对应的交互作用表。

方法 2　直接查对应正交表的表头设计表,如表 5-19,它是根据交互作用表整理出来的,使用起来更方便。

表 5-18　$L_8(2^7)$ 两列间的交互作用

列号( )	列号						
	1	2	3	4	5	6	7
(1)	(1)	3	2	5	4	7	6
(2)		(2)	1	6	7	4	5
(3)			(3)	7	6	5	4
(4)				(4)	1	2	3
(5)					(5)	3	2
(6)						(6)	1
(7)							(7)

表 5-19　$L_8(2^7)$ 表头设计表

因子数	列号						
	1	2	3	4	5	6	7
3	A	B	A×B	C	A×C	B×C	
4	A	B	A×B C×D	C	A×C B×D	B×C A×D	D
4	A	B C×D	A×B	C B×D	A×C	D B×C	A×D
5	A D×E	B C×D	A×B C×E	C B×D	A×C B×E	D A×E B×C	E A×D

（3）明确试验方案，进行试验，得到试验结果（表 5-20）。

（4）计算极差，确定因子主次。

表 5-20　本例试验方案与试验结果分析

试验号	A	B	A×B	C	A×C	空列	空列	吸光度
	1	2	3	4	5	6	7	y
1	1	1	1	1	1	1	1	0.484
2	1	1	1	2	2	2	2	0.448
3	1	2	2	1	1	2	2	0.532
4	1	2	2	2	2	1	1	0.516
5	2	1	2	1	2	1	2	0.472
6	2	1	2	2	1	2	1	0.480
7	2	2	1	1	2	2	1	0.554
8	2	2	1	2	1	1	2	0.552
K_1	1.980	1.884	2.038	2.042	2.048	2.024	2.034	
K_2	2.058	2.154	2.000	1.996	1.990	2.014	2.004	
极差	0.078	0.270	0.038	0.046	0.058	0.058	0.030	
因子主—次	B—A—A×C—C—A×B							

（5）优方案的确定

如果不考虑因子间的交互作用，根据指标越大越好，可以得到优方案为 $A_2B_2C_1$，但交互作用 A×C 比因子 C 对试验指标的影响更大，所以，要确定 C 的优水平，应按因子 A、C 各水平搭配的好坏来确定。两因子的搭配见表 5-21。

表 5-21　因子 A、C 水平搭配表

因子	A_1	A_2
C_1	$(y_1+y_3)/2=(0.484+0.532)/2=0.508$	$(y_5+y_7)/2=(0.472+0.554)/2=0.513$
C_2	$(y_2+y_4)/2=(0.448+0.516)/2=0.482$	$(y_6+y_8)/2=(0.480+0.552)/2=0.516$

比较表 5-21 中的 4 个值,0.516 大,所以取 A_2C_2 好,从而优方案为 $A_2B_2C_2$,即灰化温度 700℃,原子化温度 2400℃,灯电流 10mA。显然,不考虑交互作用和考虑交互作用的优方案不完全一致,这正反映了因子间交互作用对试验结果的影响。

4. 混合水平的正交试验设计及其结果的直观分析

(1)直接利用混合水平的正交表

[例 5.7]　造板厂进行胶压板制造工艺的试验,以提高胶压板的性能,因子及水平见表 5-22,胶压板的性能指标评定采用综合评分的方法,分数越高越好,忽略因子间的交互作用。

表 5-22　造板厂制造工艺因子水平

水平	A(压力/atm)	B(温度/℃)	C(时间/min)
1	8	95	9
2	10	90	12
3	11		
4	12		

本例中有 3 个因子。一个因子有 4 个水平,另外两个因子都为 2 个水平,可以选用混合水平正交表 $L_8(4^1 \times 2^4)$,试验结果见表 5-23。

表 5-23　造板厂制造工艺试验结果

试验号	A 压力/atm	B 温度/℃	C 时间/min	空列	空列	得分
1	1	1	1	1	1	2
2	1	2	2	2	2	6
3	2	1	1	2	2	4
4	2	2	2	1	1	5
5	3	1	2	1	2	6
6	3	2	1	2	1	6
7	4	1	2	2	1	9
8	4	2	1	1	2	10
K_1	8	21	24	23	24	
K_2	9	29	26	27	26	
K_3	14					
K_4	19					
$\overline{K_1}$	4.0	5.2	6.0	5.8	6.0	
$\overline{K_2}$	4.5	7.2	6.5	6.8	6.5	
$\overline{K_3}$	7.0					
$\overline{K_4}$	9.5					
极差 R	5.5	2.0	0.5	1	0.5	
因子主—次			A—B—C			
最佳水平组		的影响很小。若从经济角度考虑,可取 9min,所以优方案也可以为 $A_4B_2C_1$ 或 $A_4B_2C_1$(由于 C 是对试验结果影响较小的次要因子,它取不同的水平对试验结果				

（2）拟水平法

拟水平法指将水平数不同的问题转化为水平数相同的问题来处理。

[例5.8] 某制药厂为提高某种药品的合成率,决定对缩合工序进行优化,因子水平见表5-24,忽略因子间的交互作用。

表5-24 某制药厂药品合成因子水平

水平	A 温度/℃	B 甲醇钠量/mL	C 醛状态	D 缩合剂量/mL
1	35	3	固	0.9
2	25	5	液	1.2
3	45	4	液	1.5

这是一个 4 因子的试验,其中 3 个因子是 3 水平,1 个因子是 2 水平,可用 $L_{18}(2^1 \times 3^7)$ 正交表,需做 18 次试验(表5-25)。

表5-25 某制药厂药品合成正交试验

试验号	A	B	C	D	合成率/%	合成率−70/%
1	1	1	1(1)	1	69.2	−0.8
2	1	2	2(2)	2	71.8	1.8
3	1	3	3(2)	3	78.0	8.0
4	2	1	2(2)	3	74.1	4.1
5	2	2	3(2)	1	77.6	7.6
6	2	3	1(1)	2	66.5	−3.5
7	3	1	3(2)	2	69.2	−0.8
8	3	2	1(1)	3	69.7	−0.3
9	3	3	2(2)	1	78.8	8.8
K_1	9.0	2.5	−4.6	15.6		
K_2	8.2	9.1	29.5	−2.5		
K_3	7.7	13.3		11.8		
$\overline{K_1}$	3.0	0.8	−1.5	5.2		
$\overline{K_2}$	2.7	3.0	4.9	−0.8		
$\overline{K_3}$	2.6	4.4		3.9		
极差 R	0.4	3.6	6.4	6		
因子 主—次	C—D—B—A					
最佳 水平组	$C_2D_1B_3A_1$ 即醛为液态、缩合剂量 0.9 mL、甲醇钠量 4mL、温度 35℃					

拟水平法不能保证整个正交表均衡搭配,只能使部分均衡搭配。这种方法不仅可以给一个因子虚拟水平,也可给多个因子虚拟水平,使正交表的选用更方便、灵活。

5.4 多因子序贯试验设计

多因子组合试验时,全面试验的工作量很大,采用序贯试验法就可明显地减少试点总数,缩短试验周期。例如,3因子5水平全面试验试点总数达125,若采用序贯试验法进行的几批二水平试验代替,则至多只要安排3批3因子2水平试验,共$3 \times 8 = 24$个试点即可达到试验目的,试验工作量可减少4/5。

序贯试验法可分为登山法和消去法两类。消去法是从大步伐探索开始,逐步收缩试验范围的方法。其具体步骤可归结如下:

①根据专业知识和已知信息,选定各因子的试验范围。

②利用"0.618"法、分批试验法或分数法等优选法,分别分割各个因子的试验范围,确定第一批试验的水平。

③将各因子的第一批试验水平组合在一起,按正交试验法安排第一批试验。

④根据第一批试验提供的信息,收缩各因子的试验范围,再按同样的方法,安排第二批试验,如此继续做下去,直至将最优值的所在范围缩小到所要求的精度。

[例5.9] 某赤铁矿正浮选药方试验,考查三种药剂,采用多因素组合试验法,三种药剂的试验范围分别定为捕收剂500~1500g/t;调整剂0~200g/t;碳酸钠0~4000g/t。

解:采用"0.618"法分割试验范围,将整个试验范围作为1个单位,0.382和0.618处的两个用量水平作为第一批试验的水平(表5-26)。

表 5-26 试验数据表

	0.382	0.618
捕收剂/$(g \cdot t^{-1})$	880	1120
调整剂/$(g \cdot t^{-1})$	76	124
碳酸钠/$(g \cdot t^{-1})$	1500	2500

于是组成第一批3因子2水平的正交试验。试验结果表明:

捕收剂,低用量较好,故可将试验范围收缩为500~1120g/t;

调整剂,低用量较好,故可将试验范围收缩为0~124g/t;

碳酸钠,高用量较好,故可将试验范围收缩为1500~4000g/t。

将新的试验范围作为1个单位,重新按"0.618"法分割试验范围,得到第二批试验各因子的水平(表5-27)。

表 5-27 试验因子水平表

	0.382	0.618
捕收剂/$(g \cdot t^{-1})$	740	880
调整剂/$(g \cdot t^{-1})$	46	76
碳酸钠/$(g \cdot t^{-1})$	2500	3000

组成第二批 3 因子 2 水平正交试验,最终结论是:

捕收剂 880g/t 较好;

调整剂 76g/t 较好;

碳酸钠 2500g/t 较好。

显然,若不采用序贯设计,而采用均分法,一批试验为了达到同样的试验精度,每个因子至少要取 5 个水平,而一个 3 因子 5 水平的全面试验,试点数将达 125,而序贯设计可大大减少试点数。

6 抽样检验

6.1 抽样检验的基本概念

6.1.1 抽样检验的相关术语

1. 单位产品

在质量管理中,单位产品是指为了实施抽样检验而划分的单位体或单位量。对于按件制造的产品来说,一件产品就是一个单位产品,如一批餐叉中的每个餐叉,一批手机中的每台手机。

2. 检验批

检验批是指按同一生产条件或按规定的方式汇总起来供检验用的,由一定数量样本组成的检验体。

3. 批量

一批产品中所包含的单位产品的个数称为批量,常用大写字母 N 表示。

4. 不合格

单位产品的质量特性中只要存在一个或一个以上不符合质量规范的即为不合格。通常根据不合格的严重程度和受关注程度将它们进行分类。例如,A 类不合格为最被关注的一种不合格,占不合格总数的 90% 以上;B 类不合格为关注程度比 A 类不合格稍低一种类型的不合格,占不合格总数的 80% 以上;C 类不合格为关注程度最低的不合格种类,占不合格总数的 70% 以上。

5. 不合格品

不合格品为具有一个或一个以上不合格种类的单位产品。根据不合格的分类可以将不合格品划分为:A 类不合格品,有一个或一个以上 A 类不合格的产品(可能同时包含 B 类或C 类不合格);B 类不合格品,有一个或一个以上 B 类不合格的产品(可能同时包含 C 类不合格);C 类不合格品,有一个或一个以上 C 类不合格的产品。

6. 批质量水平

批质量水平一般以下列三个指标来衡量。

(1)批不合格品率

批不合格品率等于批中不合格品总数 D 除以批量 N，即

$$p = D/N$$

（2）批不合格品百分数

批不合格品百分数等于批中不合格品总数 D 除以批量 N，再乘 100，即

$$100p = \frac{D}{N} \times 100$$

（3）批每百单位产品不合格数

批每百单位产品不合格数等于批中不合格总数 C 除以批量 N，再乘 100，即

$$批每百单位产品不合格数 = \frac{C}{N} \times 100$$

7.过程平均

过程平均是指在规定的时间段内或生产量内平均的过程水平，一般用不合格品百分数表示。

假设连续检验 k 批产品，批量分别为 $N_1, N_2, \cdots, N_k$，其不合格品数分别为 $D_1, D_2, \cdots, D_k$，则不合格品百分数为

$$p = \frac{D_1 + D_2 + \cdots + D_k}{N_1 + N_2 + \cdots + N_k} \times 100$$

8.接收质量限 AQL

接收质量限 AQL 指的是当一个连续系列批被提交验收时，可允许的最差过程平均质量水平。它是对生产方提出的质量要求，是允许的生产方过程平均（不合格品率）的最大值。

9.极限质量 LQ

极限质量 LQ 指的是对于一个孤立批，为进行抽样检验，必须限制在某一低接收概率的质量水平。它是抽样检验规定的拒收孤立批的质量水平（不合格品率）的最大值。

6.1.2 抽样检验方案

1.基本标准

理论上可以确定一个批的接收标准 p_t，如果被检验批的质量水平 $p \leqslant p_t$，则接收；若被检验批的质量水平 $p > p_t$，则拒收。

2.一次抽样

一次抽样检验方案是一种简单、常用的抽样检验方案。由 N、n、Ac、Re 四个参数确定，其中 N 是批量，n 是样本量，Ac 是接收数，Re 是拒收数，$Re = Ac + 1$，抽样方案记为 (N, n, Ac)。当 N 相对于 n 足够大时，批量带来的影响可以忽略，这时一次抽样检验方案由样本量 n 和接收数 Ac 确定，记为 (n, Ac)。实际进行操作时的判断准则为：从批量为 N 的一个产品批中随机抽取容量为 n 的样本，对样品中的产品逐一检验，记录不合格（品）数 d，若 $d \leqslant Ac$，则接收该产品批；若 $d \geqslant Re$，则拒收该产品批。一次抽样检验方案的程序框图如图 6-1 所示。

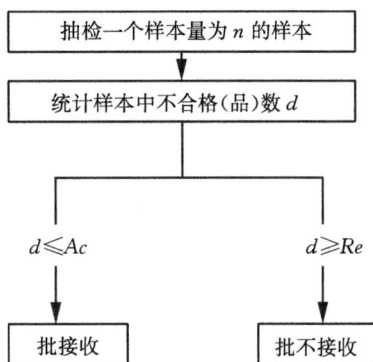

图 6-1　一次抽样检验方案的程序框图

3.二次抽样

　　和一次抽样检验方案相比,二次抽样检验方案允许最多抽取两次样本。第一次抽样时,样本大小为 n_1,不合格(品)数为 d_1,若 $d_1 \leqslant Ac_1$,则接收该产品批;若 $d_1 \geqslant Re_1$,则拒收该产品批;若 d_1 的大小介于 Ac_1 和 Re_1 之间,则继续抽取第二次样本,样本大小为 n_2。假设第二次样本中不合格(品)数为 d_2,若 $d_1 + d_2 \leqslant Ac_2$,则接收该产品批;若 $d_1 + d_2 \geqslant Re_2$,则拒收该产品批。图 6-2 所示为二次抽样检验程序框图。

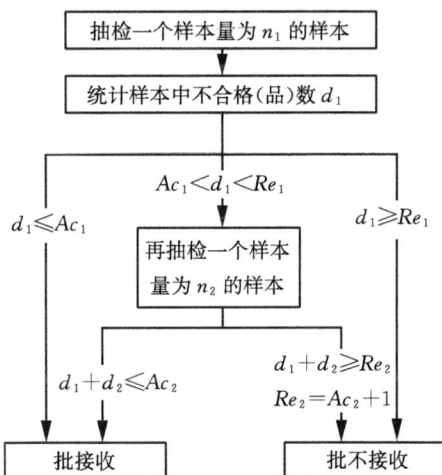

图 6-2　二次抽样检验方案的程序框图

　　在实际应用中,不同产品具有的性质和特点不同,质量标准不同,因此设计的抽样方案也有所不同,但不管选择哪种抽样方案,接收产品都应遵循同一个原则,即以高概率接收满足质量要求的批,以低概率接收不满足质量要求的批。

6.2　抽样检验的原理

6.2.1　接收概率

　　根据规定的抽样方案,把具有给定质量水平的交检批判定为接收的概率称为接收概率。

当抽样方案不变时,对于不同质量水平的批接收的概率也不同。下面以计数一次抽样检验为例,介绍几种不同的计算方法。

从批量为 N 的一批产品中随机抽取 n 件,设这批产品的不合格品率为 p,不合格品数为 X,产品批接受概率一般记作 $L(p)$。根据数理统计原理可以计算 $L(p)$ 的值,由概率的基本性质可知:$0 \leqslant L(p) \leqslant 1$。在一次抽样检验方案中,当 n 中的不合格品数 $d \leqslant Ac$ 时,批产品被判定为合格,予以接收,其接收概率为:

$$L(p) = P(X \leqslant Ac) = P(X=0) + P(X=1) + \cdots + P(X=Ac)$$

计算方法有如下三种:

1. 超几何分布计算法

如果批量为 N 的样品中有 D 件不合格,那么使用超几何分布计算法的思路是:N 件样品中有 D 件不合格,有 $N-D$ 件合格;从 N 件中随机抽取 n 件可以看作是从 D 件不合格品中随机抽取 d 件,从 $N-D$ 件合格品中随机抽取 $n-d$ 件,因此一共有 $C_{N-D}^{n-d} C_D^d$ 种取法,因此

$$P(X=d) = \frac{C_{N-D}^{n-d} C_D^d}{C_N^n}$$

$$L(p) = \sum_{d=0}^{Ac} \frac{C_{N-D}^{n-d} C_D^d}{C_N^n}$$

[例 6.1] 对批量为 50 的外购产品批作抽样验收,其中包含 3 个不合格品,求采用抽样方案为 (5,1) 时的接收概率 $L(p)$ 是多少?

解:$L(p) = P(X \leqslant 1) = \sum_{d=0}^{1} \frac{C_{50-3}^{5-d} C_3^d}{C_{50}^5} = \frac{C_{47}^5 \times C_3^0}{C_{50}^5} + \frac{C_{47}^4 \times C_3^1}{C_{50}^5} = 0.977$

2. 二项分布计算法

当 N 相对 n 很大,即 n/N 很小($\leqslant 0.1$)时,可以使用二项分布计算法来简化求解 $L(p)$。当批量 N 较大时,抽取一个产品后对这批产品的不合格率影响不大,可以看作每次抽取一个产品时的不合格品率是不变的($p=D/N$),如果把这 n 个产品看成是一次抽取的,那么其中 d 个不合格品可以出现在 n 个位置中的任意 d 个位置上,共有 C_n^d 种可能,其中每一种出现的概率均为 $p^d(1-p)^{n-d}$,因此

$$P(X=d) = C_n^d p^d (1-p)^{n-d}$$

$$L(p) = \sum_{d=0}^{Ac} C_n^d p^d (1-p)^{n-d}$$

[例 6.2] 已知 $N=3000$ 的一批产品提交作外观检验,若用 (20,1) 的抽样方案,当 $p=0.01$,求接收概率。

解:
$$L(p) = \sum_{d=0}^{1} C_n^d p^d (1-p)^{n-d}$$
$$= C_{20}^0 (0.01)^0 (0.99)^{20} + C_{20}^1 (0.01)^1 (0.99)^{19}$$
$$= 0.9831$$

3.泊松分布计算法

当 N 相对 n 很大,即 n/N 很小($\leqslant 0.1$)且 np 位于 0.1 和 10 之间时,可用泊松分布进一步简化计算,此时

$$L(p) = \sum_{d=0}^{Ac} \frac{(np)^d}{d!} e^{-np}$$

[例 6.3] 有一批轴承用的钢球 10 万个需要进行外观检验,如果采用(100,15)的抽检方案,求当 $p=0.1$ 时的批接收概率。

解：
$$L(p) = \sum_{d=0}^{15} \frac{(np)^d}{d!} e^{-np}$$
$$= \frac{(10)^0}{0!} e^{-10} + \frac{(10)^1}{1!} e^{-10} + \cdots + \frac{(10)^{15}}{15!} e^{-10}$$
$$= 0.951$$

6.2.2 抽样特性曲线

由前文可知,当用一个确定的抽检方案对产品批进行检查时,产品批被接收的概率 $L(p)$ 是随产品批的不合格品率 p 的变化而变化的。它们之间的关系可以用一条曲线来表示,这条曲线称为抽样特性曲线,简称为 OC 曲线,如图 6-3 所示。

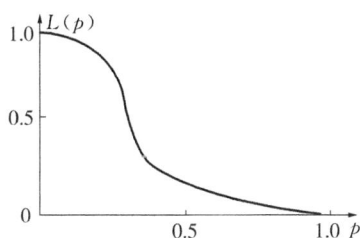

图 6-3 OC 曲线

每一个一次抽样检验方案都有一条 OC 曲线,不同的一次抽样检验方案有不同的 OC 曲线。OC 曲线给出了相应的一次抽样方案的统计特性,比较不同的一次抽样检验方案的好坏时,OC 曲线是一个重要的标准。

OC 曲线是由抽样检验方案确定的,所以分析 OC 曲线应从批量 N,样本量 n,以及接收数 Ac 入手。

1.抽样方案不变时 N 对 OC 曲线的影响

对于表 6-1 所示抽样方案,相应的 OC 曲线如图 6-4 所示。

表 6-1 抽样方案表 1

参数	方案 A	方案 B	方案 C
N	1000	100	50
n	20	20	20
Ac	3	3	3

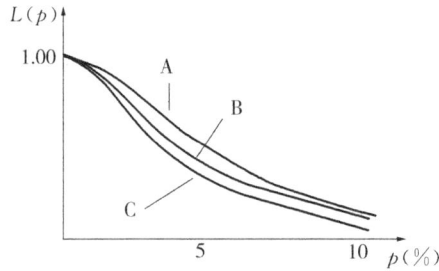

图 6-4 各方案 OC 曲线

从图 6-4 可以看出,其 OC 曲线十分接近,这说明批量 N 的大小对于 OC 曲线的影响十分有限。实际上,在应用中当 $N/n \geq 10$ 时,就可以不考虑批量的影响。所以常常使用(n, Ac)两个参数来表示一个抽样方案。

2. N 与 Ac 不变时 n 对 OC 曲线的影响

对于表 6-2 所示抽样方案,相应的 OC 曲线如图 6-5 所示。

表 6-2 抽样方案表 2

参数	方案 A	方案 B	方案 C	方案 D
N	5000	5000	5000	5000
n	10	50	100	250
Ac	2	2	2	2

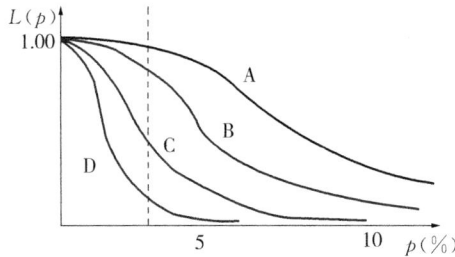

图 6-5 各方案 OC 曲线

从图 6-5 可以看出,当 N 和 Ac 一定时,样本量 n 越大,OC 曲线就越陡。这就意味着,n 越大,抽样方案就越严格。例如,当 $p = 0.02$ 时,上述各方案 $L(P)$ 的变化见表 6-3(由泊松分布所得)。

表 6-3 各方案接收概率

p	n	Ac	np	$L(p)$
0.02	10	2	0.2	0.999
0.02	50	2	1	0.920
0.02	100	2	2	0.677
0.02	250	2	5	0.125

3. 当 N、n 不变时接收数 Ac 对 OC 曲线的影响

当 N 等于 2000 时,对于表 6-4 的方案,相应的 OC 曲线如图 6-6。

表 6-4 抽样方案表

参数	方案 A	方案 B	方案 C	方案 D	方案 E	方案 F
n	100	100	100	100	100	100
Ac	0	1	2	3	4	5

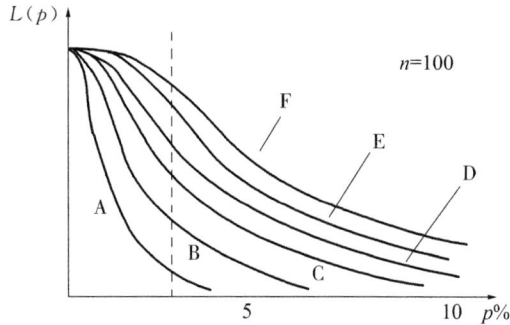

图 6-6 各方案 OC 曲线

由此可以看出,当 n 一定时,接收数 Ac 越小,OC 曲线的倾斜度越大,表示批不合格品率稍有变动,接收概率就会有很大变化,抽样方案较为严格;当接收数 Ac 比较大时,$L(p)$ 对不合格品率 p 的敏感度较小,表示抽样方案较为宽松。

6.2.3 抽样检验的两类风险

1. 生产方风险

样本具有随机性,同时它仅是检验批的一小部分,所以使用方有可能做出错误的判断,将原本质量好的批判定为不接收,质量差的批判定为接收。从前文接收概率的计算可知,如按某一抽样方案验收,产品批的不合格品率为 p,其接收概率为 $0 < L(p) < 1(p \neq 100\%$ 或 $0)$,如果我们确定 p_0 为合格质量水平(即当产品批的不合格品率 $p \leqslant p_0$,就认为是合格的),则其接收概率为 $L(p_0)$ 而非 100%,这时有 $1 - L(p_0)$ 的错判率,即为生产方风险。生产方风险是指生产方所承担的批质量合格而不被接收的风险,又称第一类错误的概率,通常用 α 表示。

2. 使用方风险

如果我们设定不合格品率 p_1 为不合格批的质量水平(即当产品批的不合格率 $p \geqslant p_1$ 时,就认为是不合格的),很显然,一般情况下,$L(p_1) \neq 0$。$L(p_1)$ 即为使用方风险。使用方风险是指使用方所承担的批质量不合格而被接收的风险,又称第二类错误的概率,通常用 β 表示。

抽样检验的两类风险在 OC 曲线中的表示如图 6-7 所示(p_0、p_1 分别是与 α、β 对应的批合格品率与批不合格品率)。

6.2.4 平均检验总数与平均检出质量

在抽样检验中,经检验接收的批在修理或替换样本中的不合格品后应予整批接收;而对

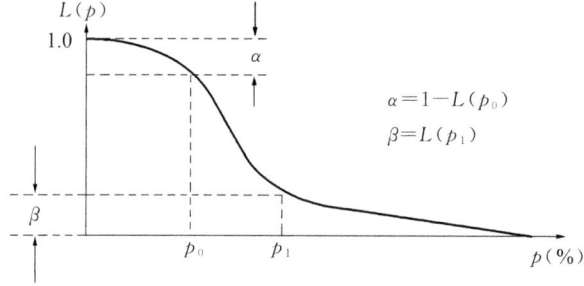

图 6-7　OC 曲线各指标

不接收的批则应予以降级、报废或对整批进行逐个筛选,即对所有产品进行全检,并将检出的所有不合格品进行修理或用合格品替换。有两个指标能说明抽样方案的特性,即平均检验总数与平均检出质量。

1. 平均检验总数(ATI)

平均检验总数 ATI(Average Total Inspection) 是平均每批的总检验数目,包括样本量和不接收批的全检量,这个指标衡量检验的经济性。

使用抽样方案(n, Ac)抽检不合格品率为 p 的产品,当批的接收概率为 $L(p)$ 时,对于接收批,检验量即为样本量 n;对于不接收批,实际检验量为 N,因此该方案的平均检验总数 ATI 为:

$$ATI(p) = nL(p) + N[1 - L(p)] = n + (N - n)[1 - L(p)]$$

2. 平均检出质量(AOQ)

平均检出质量 AOQ(Average Outgoing Quality)指检验后的批平均质量,即检验合格入库的所有产品的不合格品率大小,该指标衡量抽样方案的质量保证能力。

使用抽样方案(n, Ac)抽检不合格品率为 p 的产品,若检验的总批数为 k,由于不接收批中的所有产品经过全检不存在不合格品,而在平均为 $kL(p)$ 的接收批中,有$(N - n)p$ 个不合格品,因此平均检出质量为

$$AOQ = \frac{kL(p) \times (N - n)p}{kN}$$

当 n 相对于 N 很小时,$N - n \approx N$,因此 $AOQ \approx pL(p)$。

6.3　计数标准型抽样检验

计数标准型抽样检验方案是最基本的抽样方案,所谓标准型就是同时严格控制生产方与使用方的风险,按照供需双方共同制定的 OC 曲线的抽样方案抽检。它能同时满足生产方与使用方的质量保护要求。

计数标准型抽样具有如下特点:

①只需一次或两次抽样检验即可判断产品批合格与否。

②同时满足供需双方的需求。

③不需要提供检验前资料。

④不论检验是否具有破坏性均适用。

⑤对拒收的检验批未提出处理要求。

⑥由于抽样方案需同时满足供需双方的需求,因此,在同等质量要求下,所需的抽样量大。

下面主要介绍计数标准型一次抽样方案。由前文 OC 曲线特性可知,在对孤立批进行一次抽样检验时,如果一个方案把 α 和 β 同时控制住了,就是既保护了使用方对产品批的要求,又保证了生产方的经济效益不受影响。因此,制定计数标准型一次抽样检验方案(n,Ac),就是要求解

$$\begin{cases} 1-L(p_0)=\alpha \\ L(p_1)=\beta \end{cases}$$

然后从中挑选样本最小的方案。

虽然 $L(p)$ 可以通过前文介绍的计算方法进行计算,但计算过程比较烦琐。而计数标准型一次抽样检验有许多种设计好的表格,只需查表即可得到所需的抽样方案,在查表以前,供需双方应共同确定 p_0、p_1、α、β,然后按确定的参数和表格要求进行查表,得到抽样方案(n,Ac)。抽样程序如图 6-8 所示。

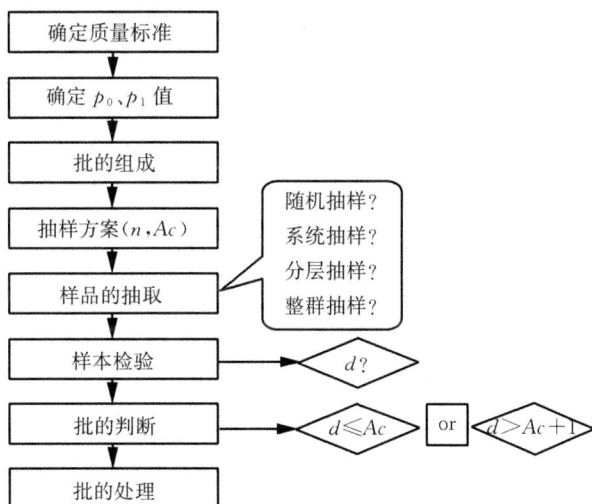

图 6-8　计数标准型一次抽样检验程序图

6.4　计量标准型抽样检验

计量标准型抽样检验是指定量地检验从批中随机抽取的样本,利用样本数据计算统计量,并与判定标准比较,以判断产品批是否合格。计量标准型抽样检验的关键在于事先知道质量特性值的分布,并获得较多的工序情报,适用于产品质量特性以计量值表示,服从或近似服从正态分布的批检验。

用批中单位产品的质量特性平均值 μ 表示批质量,假定质量指标 X 服从正态分布 N (μ, σ^2),由于 μ 通常是未知的,因而需要从该批产品中抽取 n 个产品测定其特征值,然后利用样本均值进行估计。

①下规格限:针对指标值越大越好的情形,设定 1 个 k_L,当 $\overline{X} \geqslant k_L$ 时接收该批产品,否则拒收。

②上规格限:针对指标值越小越好的情形,设定 1 个 k_U,当 $\overline{X} \leqslant k_U$ 时接收该批产品,否则拒收。

③双规格限:针对指标值不能太大又不能太小的情形,设定 k_L 和 k_U,当 $k_L \leqslant \overline{X} \leqslant k_U$ 时接收该批产品,否则拒收。

下面主要介绍具有下规格限的计量标准型一次抽样检验方案。

对于具有下规格限的计量标准型一次抽样检验,指标值越大越好,设定 1 个 k_L,当 $\overline{X} \geqslant k_L$ 时接收该批产品,否则拒收。此时一次计量抽样方案用 (n, k_L) 表示,又由于假定质量指标 X 服从正态分布 $N(\mu, \sigma^2)$,当 σ 已知时,有

$$L(\mu) = P(\bar{x} \geqslant k_L) = 1 - \Phi\left(\frac{k_L - \mu}{\sigma / \sqrt{n}}\right)$$

随着 μ 的增大,$L(\mu)$ 也随之增大,OC 曲线如图 6-9 所示。

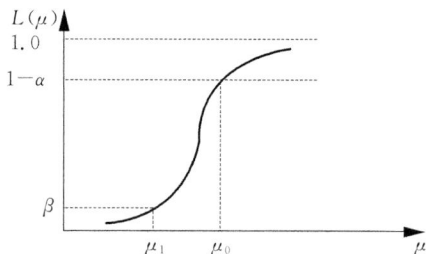

图 6-9 具有下规格限的计量标准型一次抽样检验的 OC 曲线

为制定抽样方案 (n, k_L),供需双方需要共同讨论协商 μ_0(合格批质量指标均值)与 μ_1(极限批质量指标均值),当批的质量水平 $\geqslant \mu_0$ 时,需以超过 $1 - \alpha$ 的高概率接收;当批的质量水平 $\leqslant \mu_1$ 时,需以不超过 β 的低概率接收,如图 6-9 所示。

因此得到下列方程组

$$\begin{cases} L(\mu_0) = 1 - \alpha = 1 - \Phi\left(\dfrac{k_L - \mu_0}{\sigma / \sqrt{n}}\right) \\[2mm] L(\mu_1) = \beta = 1 - \Phi\left(\dfrac{k_L - \mu_1}{\sigma / \sqrt{n}}\right) \end{cases}$$

$$\begin{cases} \alpha = \Phi\left(\dfrac{k_L - \mu_0}{\sigma / \sqrt{n}}\right) \\[2mm] \beta = 1 - \Phi\left(\dfrac{k_L - \mu_1}{\sigma / \sqrt{n}}\right) \end{cases}$$

式中,μ_0、μ_1、α、β 分别为双方接收的合格批质量均值、极限批质量指标均值、生产方风险和

使用方风险。

记 μ_α 与 $\mu_{1-\beta}$ 分别为标准正态分布的 α 与 $1-\beta$ 的分位数,则

$$\begin{cases} \mu_\alpha = \Phi\left(\dfrac{k_L - \mu_0}{\sigma/\sqrt{n}}\right) \\ \mu_{1-\beta} = \dfrac{k_L - \mu_1}{\sigma/\sqrt{n}} = -\mu_\beta \end{cases}$$

因此,当 σ 已知时,有

$$\begin{cases} n = \left[\dfrac{(\mu_\alpha + \mu_\beta)\sigma}{\mu_0 - \mu_1}\right]^2 \\ k_L = \dfrac{\mu_1\mu_\alpha + \mu_0\mu_\beta}{\mu_\alpha + \mu_\beta} \end{cases}$$

即按照方案(n,k_L)抽样,当 $\overline{X} \geqslant k_L$ 时接收该批产品,否则拒收。

7 测量系统分析

测量系统分析(Measurement System Analysis,MSA)在质量管理和过程控制中起着至关重要的作用。为了理解 MSA 的重要性,我们首先需要明白测量在制造业、服务业等多个领域中的核心地位。测量不仅用于确定产品的特性,还用于监控过程性能,从而确保产品符合客户要求。然而,测量本身并非完美无缺。测量误差的存在可能导致对产品质量和过程性能的误判。因此,我们需要通过 MSA 来评估和优化测量系统,以确保测量结果的准确和可靠。

7.1 测量系统的基本概念

测量系统是一个复杂且多功能的集合,用于对被测特性进行定量测量或定性评价。它不是一个简单的工具或设备,而是由多个组件和因素共同构成的整体。

测量系统的核心组成部分包括各种仪器或量具。这些仪器或量具是进行测量工作的基础,它们基于不同的测量原理,具有不同精度,用于满足不同测量需求。同时,这些仪器或量具还需要经过校准和验证。

除了仪器或量具,测量系统还包括一系列的标准、操作、方法和流程。这些标准和操作规范了测量的步骤和过程,确保每次测量都在相同的条件下进行,从而得到可比较的和一致的测量结果。方法则是指具体的测量技术和手段,它们的选择和应用直接影响测量结果的精度和可靠性。

此外,测量系统还涉及人员和环境因素。人员是测量工作的执行者,他们的技能水平、操作经验和认真程度都会影响测量结果的质量。环境因素如温度、湿度、压力等也可能对测量结果产生影响,因此需要在测量过程中对这些因素进行控制和管理。

测量系统还需要分析人员具备数据处理和分析的能力。通过处理和分析测量数据提取出有用的信息,可以对测量结果进行评估和解释。这有助于发现测量误差和异常值,进一步改进和优化测量系统。

综上所述,测量系统是一个综合性的概念,它涉及多个方面和因素。一个理想的测量系统应该能够准确、可靠地获取测量结果,并在每次使用时都产生正确的输出。在实际应用中,需要根据具体的测量需求和环境条件来选择合适的测量系统和组件,以确保测量结果的准确和可靠。

7.2 测量误差的来源

测量误差是指在测量过程中,由各种因素导致的测量结果与真实值之间存在的差异。这些误差来源多种多样,可以详细分为以下几个方面。

1.仪器误差

仪器误差主要源于测量仪器本身的不完善或缺陷(图7-1)。

①制造误差。仪器在制造过程中,由工艺或材料的限制,导致仪器本身存在偏差。例如,刻线尺的制造误差、量块制造与检定误差等。

②装配误差。仪器在装配过程中,由装配不当或部件之间的配合不精确,导致仪器性能受到影响。例如,光学系统的放大倍数误差、齿轮分度误差等。

③使用过程中的磨损。仪器在长期使用过程中,由于磨损或老化,性能下降,从而产生误差。

图7-1 仪器误差示意图

2.环境误差

环境误差是由测量环境的不稳定或变化引起的。测量环境主要包括温度、气压、湿度、振动、空气质量等因素。其中,温度是最重要的因素。测量温度对标准温度(+20℃)的偏离、测量过程中温度的变化以及测量器具与被测件的温差等都将产生测量误差。

3.方法误差

方法误差是由测量方法的不完善或选择不当导致的。例如,在间接测量法中,因采用近似的函数关系原理而产生的误差或多个数据经过计算后的误差累积,都属于方法误差。这种误差可能来自测量设备的精度、数据处理方法的选择、模型假设的不准确等因素。此外,依据的理论不严格或所使用的公式、算法不准确,也会导致测量结果的偏差。

4.操作误差

操作误差是由测量人员的操作不当或技能不足引起的。测量人员引起的误差主要有视差、估读误差(图7-2)、调整误差等。这些误差的大小取决于测量人员的操作技术和其他主观因素,如疲劳、注意力不集中等。

除了上述主要的误差来源外,还有一些其他因素也可能导致测量误差,如被测对象本身的变化、测量过程中的随机干扰等。

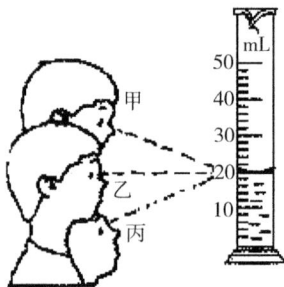

图 7-2　估读误差

为了减少测量误差,需要综合考虑上述各种因素,并采取相应的措施进行控制和校正。例如,定期对测量仪器进行校准和维护,确保其在良好的工作状态下进行测量;在测量过程中保持环境的稳定,避免温度、湿度等环境因素的变化;选择适当的测量方法和算法,确保测量结果的准确和可靠;对测量人员进行培训和指导,提高其操作技能和注意力水平。

综上所述,测量误差的来源是多种多样的,涉及仪器、环境、方法和操作等多个方面。为了获得准确的测量结果,需要全面考虑并控制这些误差来源。

7.3　MSA 的内涵

MSA 是一种系统性的方法,用于评估测量系统的性能。它涉及一系列统计和分析技术,以深入了解测量系统的误差来源和影响因素。以下是对 MSA 的详细展开。

1. 重复性与再现性分析

重复性与再现性分析是 MSA 的基础方法之一。重复性指的是在相同条件下,同一操作者对同一测量对象进行多次测量时,测量结果的一致程度。而再现性则是指在不同条件下,不同操作者对同一测量对象进行测量时,测量结果的一致程度。通过分析重复性与再现性,可以评估测量系统的稳定性和一致性,找出可能存在的误差来源(图 7-3、图 7-4)。

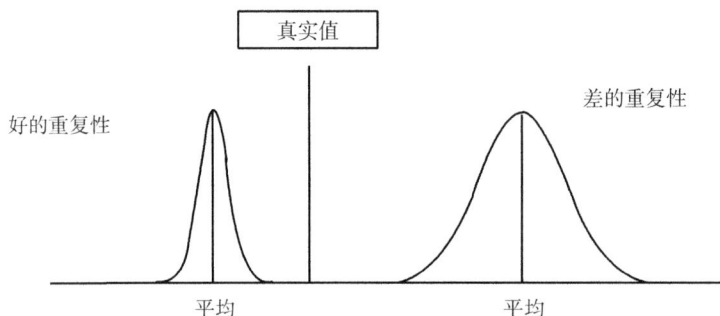

图 7-3　重复性分析

2. 偏倚分析

偏倚分析用于确定测量系统的输出值与参考值之间的差异。通过将测量系统的输出值与已知的标准值或参考值进行比较,可以计算出偏倚值。偏倚分析有助于发现测量系统存

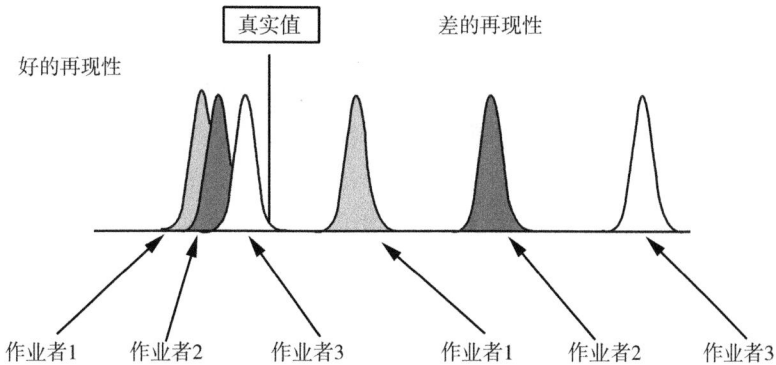

图 7-4　再现性分析

在的系统性误差,从而采取相应的措施进行纠正。

[**例7.1**]　某标准件,已知值为 25.400mm,某机械检查工用精度为 0.025mm 的游标卡尺测量 10 次,测量结果如下,请计算出偏倚值

25.425　25.425　25.400　25.400　25.375

25.400　25.425　25.400　25.425　25.375

解:把 10 个测量值相加除以 10,得到平均值 25.405mm

偏倚值等于平均值减去参考值:25.405-25.400=0.005mm

3. 线性分析

线性分析用于评估测量系统在不同测量范围内的性能。通过在不同测量范围内进行多次测量,并比较测量结果与标准值之间的差异,判断测量系统是否在整个测量范围内保持一致的准确性;线性是指量具在其工作范围内偏倚的变化规律。在全部测量范围内,测量值和基准值的差异保持稳定,说明其线性好。线性分析有助于发现测量系统可能存在的非线性误差,并确定其影响程度(图 7-5)。

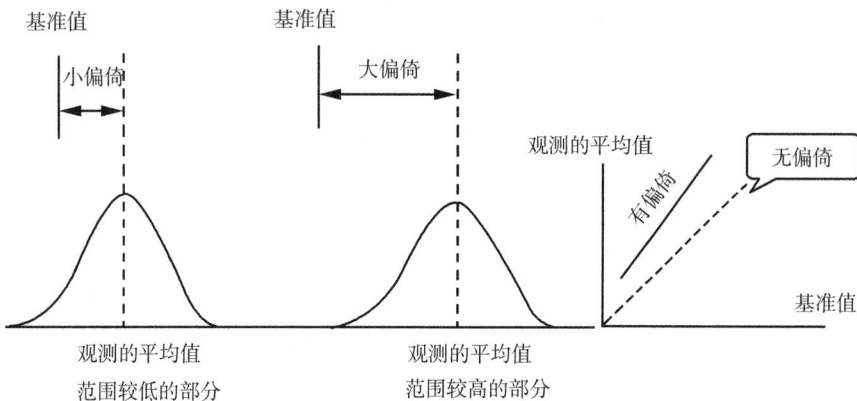

图 7-5　线性分析

4. 稳定性分析

稳定性分析用于评估测量系统随时间变化的性能。通过在不同时间点对同一测量对象进行多次测量,并比较测量结果之间的差异,判断测量系统是否保持稳定的性能。稳定性分

析有助于发现测量系统可能存在的长期漂移或变化,从而采取相应的维护措施。

5.交互作用分析

在某些情况下,测量系统的性能可能受到多个因素的交互影响。交互作用分析用于评估这些因素的相互作用对测量结果的影响。通过收集和分析不同条件下的测量数据,可以识别出哪些因素之间存在交互作用,并确定它们对测量结果的影响程度。

除了以上几种常用方法外,MSA还可以采用其他统计和分析技术,如方差分析、回归分析、因子分析等,更全面地评估测量系统的性能。

在实施MSA时,需要收集足够数量的样本数据,并确保数据的准确性和可靠性。同时,还需要选择合适的统计和分析方法,根据测量系统的特点和需求进行灵活应用。通过分析结果,识别出测量系统的误差来源和影响因素,为改进和优化测量系统提供有力的支持。

MSA是一种复杂而系统的过程,涉及多种统计和分析方法。综合运用这些方法和技术,可以全面评估测量系统的性能,确保测量结果的准确性和可靠性。

7.4 实施 MSA 步骤

MSA是一种系统地评价测量过程变异性的方法,旨在识别和量化测量不确定性的来源,确保测量数据的准确性和可靠性。其主要目的包括:评估测量系统的变异性、量化测量不确定性的来源、评价测量系统的能力、指导测量过程的改进。MSA广泛应用于制造业的关键计量测试环节,有助于保证产品质量,降低测量风险,提高过程能力。通过持续实施MSA,企业可以持续监控和控制测量过程,不断提升测量数据质量。实施MSA通常包括以下几个主要步骤:准备阶段、测量系统重复性和再现性研究及偏差研究、数据采集分析与评估、标准化和控制。

7.4.1 准备阶段

在准备阶段需要明确研究目标和范围,通过明确MSA的目的,分析是为了测量新系统的评估能力,还是现有系统评审,或解决特定问题,确定MSA的范围,包括测量系统、过程、产品特性等,确保目标和范围与组织质量目标相一致。

(1)确定测量设备、操作人员和部件样本

列出所有需要评估的测量设备,如测量工具、检具、仪器,确定参与MSA的操作人员,如测量员、检测员等,建议选择能代表测量对象的部件样本,考虑测量范围、批量大小等因素,确保样本状态良好,并具有标识唯一性,所选人员也应合理。

(2)制定研究计划和数据采集方法

确定研究类型,如GRR、线性、偏差、稳定性等研究。选择适合的研究方法和技术,规划测量顺序、次数,确保有充足量的测量数据。设计数据采集表格,确定采集的数据项目,制定操作指导书,规范研究过程和方法。

(3)资源准备

准备所需的测量设备、夹具,营造测量环境,安排参与人员,合理分配任务,实施必要的员工培训,确保操作规范一致。

通过这些准备工作,MSA 将具有明确的目标和范围,可获得充足合理的测量数据,保证结果的有效性和代表性,同时降低 MSA 实施过程中出现差错的风险。

7.4.2　测量系统重复性和再现性研究及偏差研究

1.重复性和再现性研究

测量系统重复性和再现性(R&R)研究是 MSA 中的一项重要内容,主要目的是评估仅由同一个操作人员在同一测量环境下,重复使用同一测量系统测量同一部位所产生的变异。其具体步骤如下:

①选择现有的零件样本。样本应覆盖整个测量范围,包含高、中、低值样品,数量一般在10～15 件。

②确定测量次数和顺序。每件样品重复测量 5～10 次,测量顺序应随机安排。

③由同一操作人员完成全部测量。使用相同的测量设备在相同的环境下进行,操作人员须按标准程序操作。

④记录并分析测量数据。计算每件样品的标准差,分析单次测量值与真实值之间的离差,以评估测量系统的重复性指标。

⑤总结分析结果。判断测量系统重复性是否达标,识别影响重复性的潜在因素。

2.偏差研究

测量系统偏差研究是 MSA 的另一个重要环节,主要目的是评估测量系统与参考标准之间的系统性偏差。具体步骤如下:

①确定参考标准。选择国家或行业公认的标准物品,标准物品的不确定度应远小于测量系统。

②进行测量实验。选择样品,覆盖测量范围;每件样品测量 5～10 次,操作人员随机使用相同的测量系统在相同的环境下进行。

③记录并分析测量数据。计算每件样品的平均测量值,并与参考标准值对比,求出偏差值偏差曲线,分析偏差随测量值的变化趋势。

④评估测量系统偏差。计算总偏差 Bias 和偏差指标 Cg,判断偏差是否在临界范围内。

⑤查找并改正偏差原因。分析可能导致偏差的因素,调整措施消除偏差。

通过偏差研究,可以全面了解测量系统的精度,为进一步优化测量过程提供一致性。

7.4.3　数据采集分析与评估

1.数据采集

在数据采集阶段,需要收集与正在评估的测量系统相关的数据。

①选择合适的数据采集方法。根据测量系统需求,选择合适的数据采集方法。例如,评估测量设备的稳定性,就需要在一段时间内连续地进行测量并记录数据。

②设定数据采集条件。确保在不同的条件下进行数据采集,以涵盖各种可能影响测量结果的因素。例如,在制造车间中进行测量,就需要在不同的温度、湿度和运行状态下进行

测量。

③进行数据采集。根据设定的条件和方法进行数据采集。确保记录足够的数据,以便后续的分析。

④保持数据的准确性和完整性。在数据采集过程中,确保数据的准确性和完整性。避免人为或技术上的误差对数据采集造成影响。

2.数据分析与评估

首先进行数据清洗,检查数据以识别并纠正任何错误或异常值。清洗数据可以确保分析的准确性和可靠性。

然后使用适当的统计方法对数据进行分析。常见的方法包括方差分析、均值图、范围图等。这些方法可以帮助理解数据的变异性、趋势和分布。根据分析结果解释测量系统的性能。确定测量系统是否稳定,重复性、线性等指标是否满足质量管理要求。

最后根据分析结果制定改进措施,以优化测量系统的性能,包括校准仪器、改进测量方法、培训员工等。实施改进措施后还应验证其效果。以确保改进措施取得预期的效果。

7.4.4 标准化和控制

MSA的标准化与控制是确保测量系统稳健性和可靠性的重要环节。

1.MSA的标准化

①建立标准操作程序(SOP)。制定明确的操作程序,包括测量设备的使用、校准、维护和记录等方面的指导,以确保所有操作人员都按照相同的标准进行操作。

②选择合适的测量工具和方法。根据测量对象的特点和要求,选择适当的测量工具和方法,并确保所有操作人员都受过培训,能够正确使用这些工具和方法。

③标定测量设备。定期对测量设备进行校准,以确保准确性和稳定性。建立标准的校准程序,并记录校准结果以供跟踪和追溯。

④建立数据采集标准。确定数据采集的标准和流程,包括采集频率、采集条件、样本数量等,以确保数据的准确性和一致性。

⑤培训与教育。为操作人员提供相关的培训和教育,使他们能够理解和遵守标准操作程序,并正确使用测量设备和方法。

2.MSA的控制

①实施过程控制。建立过程控制机制,监控和控制测量过程中的各个环节,包括测量设备的使用、数据采集、数据分析等,以确保过程的稳定性和一致性。

②持续监测与跟踪。定期监测和跟踪测量系统的性能指标,包括稳定性、重复性、线性性等,以及测量结果的准确性和可靠性,及时发现和解决问题。

③建立反馈机制。建立反馈机制,及时收集和处理操作人员、设备或方法方面的问题和改进建议,不断改进和优化测量系统。

④记录和报告。记录所有的测量系统分析过程和结果,包括标准操作程序、校准记录、数据采集结果、分析报告等,以便监测和审查。

⑤持续改进。建设持续改进的文化,定期评估和审查测量系统的标准化和控制措施,寻找改进的机会,并及时实施改进措施,以不断提高测量系统的稳健性和可靠性。

通过标准化工作流程,控制测量系统的各个环节,可以确保测量结果的准确性和可靠性,提高产品和过程的质量,降低质量风险。

7.5 MSA 的应用与意义

MSA 在质量管理和过程改进中是非常重要的,它对确保产品质量和过程稳定性有着重要的作用,具体体现在以下几个方面:

(1)评估测量系统的准确性和稳健性

MSA 可以帮助评估测量系统的准确性、重复性、再现性、线性性等指标。分析测量系统的性能,可以确定测量系统是否适用于特定的测量任务,以及是否可以产生可靠和一致的测量结果。

(2)改进产品质量和过程稳定性

通过识别和解决测量系统中存在的问题,改进产品质量和生产过程的稳定性。如果测量系统不准确或不稳定,将会导致产品质量问题和过程变异,影响产品的合格率和客户满意度。

(3)优化测量方法和工具

MSA 可以帮助优化测量方法和工具,选择最合适的测量方法和工具,并确保其准确性和可靠性。通过 MSA 识别并解决测量方法或工具中的问题,提高测量效率和准确性。

(4)支持决策制定和质量改进

MSA 提供了关于测量系统性能的定量数据和分析结果,可以作为决策制定和质量改进的依据。基于 MSA 的结果,可以制定针对性的改进措施,提高产品质量、降低成本,从而提高企业竞争力。

(5)符合质量管理体系要求

许多质量管理体系(如 ISO 9001)要求对测量系统进行评估和控制,以确保产品的准确性和一致性。MSA 提供了一种系统化的方法来满足这些要求,并帮助组织建立和维护有效的质量管理体系。

综上所述,MSA 的应用与意义在于通过评估和优化测量系统,支持产品质量改进和过程优化,提高企业的竞争力和市场地位。它是质量管理和过程改进的重要工具之一,对于任何希望提高质量和效率的组织都具有重要价值。

7.6 案例分析与实践

A 公司对医用隔帘的染色采用 1.0% 的酸性染料,固色剂 TF-217B 1.0% omf,浴比 1∶40,80℃ 染色 30min,然后在 150℃ 的温度下焙烘 60s,结果见表 7-1。

表 7-1 数据统计表

染料＋E67:M90		ΔE	耐光色牢度（级）		碱汗渍色牢度（级）		耐摩擦色牢度（级）	
			色变	沾色	色变	沾色	干摩	湿摩
黄 A4R	未固色	—	3～4	4	3～4	3～4	4	4
	TF-5061	0.38	4～5	4～5	4～5	4～5	4～5	4～5
	固色剂 A	0.45	4～5	4～5	4～5	4	4～5	4～5
黄 4R	未固色	—	3～4	3	3～4	2～3	4	4
	TF-5061	0.24	4～5	4～5	4～5	4	4～5	4～5
	固色剂 A	0.5	4～5	4	4～5	4	4～5	4～5
红 GN	未固色	—	3～4	4～5	3～4	3～4	4～5	4
	TF-5061	0.86	4～5	4～5	4～5	4～5	4～5	4～5
	固色剂 A	0.87	4	4～5	4～5	4～5	4～5	4～5
红 2GN	未固色	—	3～4	2	4	3	4～5	4
	TF-5061	0.94	4～5	3～4	4～5	4～5	4～5	4～5
	固色剂 A	1.1	4	3	4～5	4	4～5	4～5
艳红 N5BL	未固色	—	4～5	2～3	4～5	2～3	4～5	4
	TF-5061	0.88	4～5	4	4～5	4～5	4～5	4～5
	固色剂 A	0.89	4～5	3～4	4～5	4	4～5	4～5
艳蓝 RL	未固色	—	3～4	4	3～4	3～4	4～5	4～5
	TF-5061	0.45	4～5	4～5	4～5	4～5	4～5	4～5
	固色剂 A	0.56	4	4～5	4～5	4	4～5	4～5
蓝 BRLL	未固色	—	3～4	2～3	4	2～3	4～5	4
	TF-5061	0.36	4～5	4	4～5	4～5	4～5	4～5
	固色剂 A	1.23	4	3～4	4～5	4	4～5	4～5

从表 7-1 可以看出，不同染料染色织物的色牢度存在明显差异，黄 A4R、红 GN、艳蓝 RL 的色牢度相对较好，而黄 4R、红 2GN、蓝 BRLLL、艳红 N5BL 等的色牢度较差。

项目各个阶段都以数据为基础，都需要对数据进行分析，用数据说话，并做出决策。每个测量系统都有其量程，因此一个好的测量系统要求在量程范围内不存在偏倚。由于偏倚可以通过校准加以修正，因此有时可以对测量系统的偏倚放宽要求，但为了在任何一处都能对观测值进行修正，必须要求测量系统的偏倚具有线性。

（1）偏倚性和线性

让同一个抽检员对 5 个不同的医用隔帘标准件进行测量，色牢度等级的基准值分别为

4、3.5、3.7、4、4.5。每个标准件测量 10 次,测量结果如表 7-2 所示。

表 7-2 色牢度等级测试统计表

测量次数	A	B	C	D	E
1	3.09	3.58	3.74	4.00	4.59
2	3.05	3.53	3.75	4.00	4.54
3	3.00	3.51	3.75	4.01	4.53
4	2.98	3.54	3.73	3.97	4.55
5	2.99	3.57	3.69	3.98	4.51
6	3.01	3.49	3.70	3.99	4.47
7	3.00	3.40	3.70	4.02	4.49
8	3.00	3.42	3.60	4.02	4.50
9	3.00	3.52	3.67	4.01	4.52
10	3.06	3.53	3.75	4.00	4.48

从图 7-6 中可以看出,测量系统的整体偏倚值为 0.0114,整体偏倚百分率为 0.1,其对应的 P 值为 0.006<0.05,故可以判断出总体偏差是存在的。线性度=0.207796,线性百分率=1.7,表明当需要测量的部件的波动范围在 12 之内时,测量的偏倚值的波动保持在 0.207796 范围内。线性回归拟合方程是 $y=0.07616-0.01736x$,由于斜率与截距对应的 P 值均低于 0.05,结合左侧带拟合直线的散点图,表明此测试设备在整个量程范围内有线性偏倚。在使用此测量系统时,可以对于测定出的 x 值,按上述回归方程计算出偏倚值,然后对测量结果加以修正。

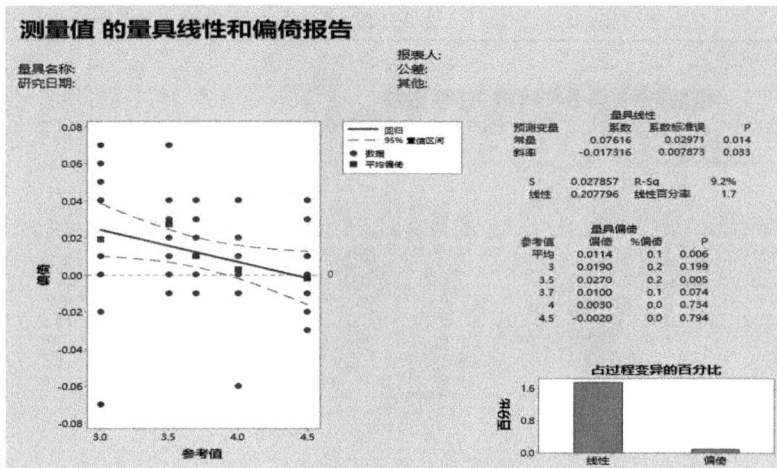

图 7-6 测量值的量具线性和偏倚报告

(2)重复性和再现性

医用隔帘的染色牢度试验是一种一次性试验,在每次试验结束后,其性能会发生变化,不能再进行第二次试验。在实验室里进行染色牢度测试,并采用相应的检测和校准标准。

制作了 6 个基本相同的样品,每个样品 5 个试样,保证 5 个对产品品质有重要影响的因素——人、机器、材料、方法、环境具有高度一致性。将实验样品送至实验室进行测试,测试结果见表 7-3 到表 7-5、图 7-7。

表 7-3　重复性和再现性数据统计表

组别	部件参考值	员工 A	员工 A	员工 B	员工 B
1	3.5/4.0	3.49	4.02	3.47	3.98
2	3.5/4.0	3.51	4.03	3.46	3.97
3	3.5/4.0	3.49	3.99	3.46	3.99
4	3.5/4.0	3.50	3.97	3.48	3.97
5	3.5/4.0	3.52	4.00	3.47	3.99

表 7-4　方差分量

来源	方差分量	方差分量贡献率
合计量具 $R\&R$	0.000562	0.44
重复性	0.000189	0.15
再现性	0.000373	0.29
部件间	0.128019	99.56
合计变异	0.128581	100.00

表 7-5　量具评估

来源	标准差(SD)	研究变异($6 \times SD$)	%研究变异(%SV)	%公差(SV/Toler)
合计量具 $R\&R$	0.023704	0.14222	6.61	284.44
重复性	0.013738	0.08243	3.83	164.86
再现性	0.019317	0.11590	5.39	231.80
部件间	0.357797	2.14678	99.78	4293.56
合计变异	0.358581	2.15149	100.00	4302.97

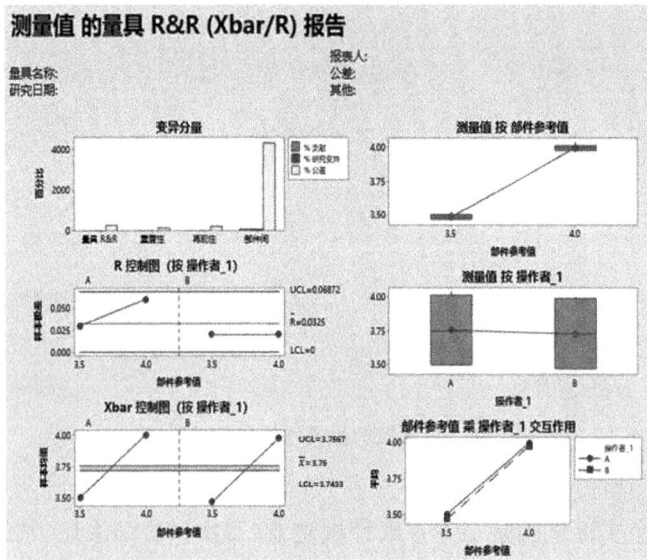

图 7-7　测量值的量具 R&R(Xbar/R)报告

根据以上的结果可以看出,该测量系统可分的类别数为 21,表示测量系统的分辨能力良好;系统符合 $R\&R=6.61\%<10\%$,表明测量系统是有能力的。

8 六西格玛管理和质量改进

8.1 六西格玛概述

8.1.1 六西格玛的历史与发展

六西格玛管理是一种通过减少产品和服务过程中的缺陷、减少变异性和改善过程,从而保证产品处于高质量水平的方法论。这一方法基于统计学原理,强调数据驱动的决策过程和对流程的精确控制。

六西格玛管理起源于 20 世纪 80 年代,由摩托罗拉公司的工程师比尔·史密斯提出,后由质量大师迈克尔·哈里发展并在全球推广。随后,六西格玛管理方法逐渐被其他许多知名公司采用,尤其是通用电气(GE),在杰克·韦尔奇的领导下,通用电气将六西格玛作为核心战略之一,进一步推广了这一概念。六西格玛对企业运营产生了显著的影响,它不仅帮助企业提高了产品质量,还能够优化工作效率,缩短生产周期,降低成本,并且大幅提升客户满意度。

8.1.2 六西格玛的目标与原则

六西格玛管理希望达到的目标:在统计学中,西格玛(σ)代表标准差,即数据分布的离散程度。标准差用于描述各种可能的结果相对于期望值的波动程度。六西格玛意味着在一个正态分布中,距离平均值 $\pm 6\sigma$ 范围内的数据覆盖了 99.99966% 的可能性,即每百万个机会中只有 3.4 个缺陷发生。

短期西格玛水平是指在生产过程中,在没有发生任何大的变动或漂移的情况下,对过程能力的一个瞬时快照。这通常意味着在评估期间,假设过程中的所有特殊原因变异已被消除,仅存在常规原因变异。

长期西格玛水平则包括了过程中可能存在的变异,这些变异可能是由环境变化、材料差异、机器磨损等因素引起的。长期西格玛水平从经验上讲,一般小于短期西格玛水平 1.5 个 σ。这是因为长期来看,过程可能会受到更多的不稳定因素的影响。

在实际应用中,短期西格玛水平可以用来确定过程的内在能力,而长期西格玛水平则有助于了解过程在实际运行中的表现。两者都是六西格玛管理中重要的指标,有助于组织识别改进空间,提高产品和服务的质量。表 8-1、表 8-2 中为一些常见的 σ 水平,其中的 PPM (part per million) 代表百万产品中的不良品数。

表 8-1　σ 水平(短期)列表

短期 SIGMA	PPM	合格率%
6.0	3.4	99.99966
5.0	200	99.98
4.0	6000	99.4
3.83	10000	99
3.0	67000	93.3

表 8-2　σ 水平(长期)列表

长期 SIGMA	PPM	合格率%
4.5	3.4	99.99966
4.0	32	99.9968
3.5	230	99.98
3.0	1350	99.87
2.0	23000	97.7

从统计图(图 8-1)直观来看,六西格玛不仅研究"平均",而且更关注"波动(散布)"。在管理实施中一般通过流程趋中和减少误差使六西格玛达到统计目标。

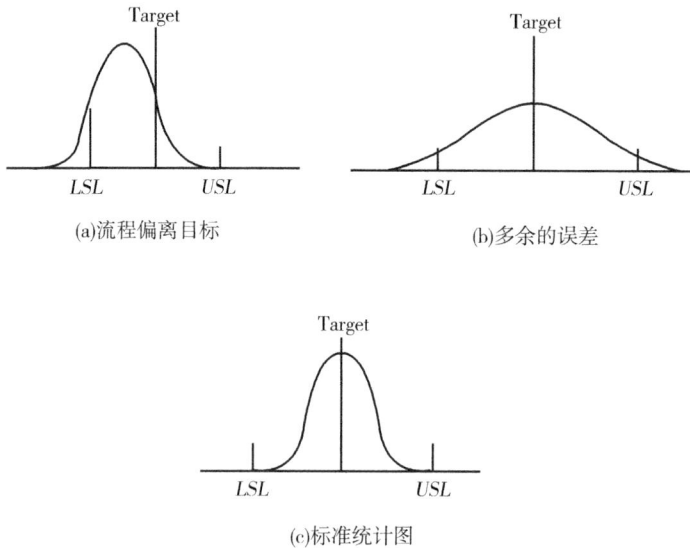

(a)流程偏离目标　　　(b)多余的误差

(c)标准统计图

图 8-1　六西格玛目标统计图示

企业在六西格玛管理实施过程和经验中总结出以下七条原则:

①数据驱动。六西格玛管理强调基于数据的决策,通过收集和分析数据明确流程性能和寻找改进机会。

②客户导向。以客户的需求和满意度为出发点,确保改进措施能够提升客户体验。

③流程优化。关注核心流程的辨别和优化,确保流程的稳定性和可预测性。

④持续改进。六西格玛管理不是一次性的,而是一个持续的过程,不断寻求产品更高水平的质量。

⑤分层培训。建立不同层次的培训体系,确保团队成员具备相应的质量管理技能。

⑥领导承诺。高层管理者的支持和参与是实施六西格玛管理成功的关键,需要从组织的最高层开始推行。

⑦系统思维。将六西格玛管理视为一个整体管理系统,而不是孤立的工具或技术。

六西格玛管理的目标与原则共同构成了这一管理策略的核心,旨在通过科学的方法和工具提升企业的整体质量和竞争力。

8.1.3　六西格玛管理相关概念与架构

关键性质量要素(Criticalto Quality,CTQ):这是个非常重要的概念,它指顾客对产品或服务的要求标准,如交付准时、最小周期、准确等。

缺陷(Defect):任何不能达到 CTQ 所要求标准的事件。

缺陷机会(Opportunity):任何可能带来缺陷的,可以衡量的事件。

差异(Variation):任何与确定的标准的背离。

业务流程能力(Process Capability):业务流程的西格玛水平,是根据业务流程的产出物中的缺陷水平计算的。

缺陷率(Defectsper Million Opportunities,DPMO)计算公式为:

$$DPMO = \frac{缺陷数}{机会总数} \times 1000000$$

一个过程的西格玛水平可以通过以下公式计算:

$$过程西格玛水平 = \min(\frac{USL - \mu}{6\sigma}, \frac{\mu - LSL}{6\sigma})$$

式中,USL 是规格上限(Upper Specification Limit);LSL 是规格下限(Lower Specification Limit);μ 是平均值;σ 是标准差。

通过这些公式,可以量化过程的性能,并确定其距离六西格玛质量水平的距离。在后续的内容中,我们将详细探讨如何在各个六西格玛管理阶段中使用这些工具和公式来驱动质量改进。

进行六西格玛管理本身也是一个过程的实现,它有着明确的工作流程,包括六西格玛设计和六西格玛改进这两种核心流程。六西格玛设计(DFSS)是对一个新过程的创建、规划及实施方法的全面策划;六西格玛改进(DMAIC)专注对现有流程的优化和维护,涵盖定义、测量、分析、改进和控制五个阶段。六西格玛管理就是借助一连串的 DFSS 和 DMAIC 来达成其既定的管理目标。六西格玛管理架构如图 8-2 所示。

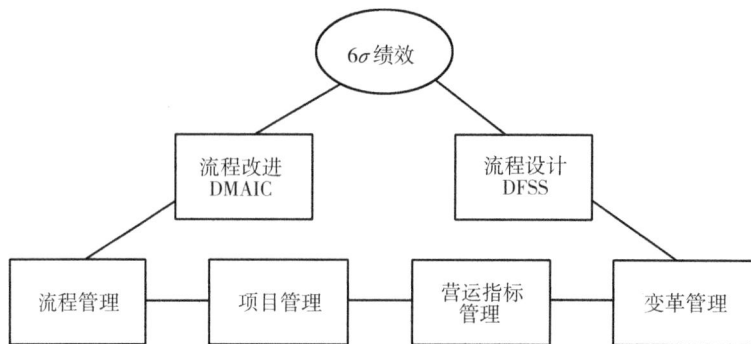

图 8-2　六西格玛管理架构

8.2　DMAIC 方法论

DMAIC 流程改进是在保持工作流程基本结构不变的前提下,发现和确认那些产生问题的关键因素,并找到用于解决问题和改善过程的结构化方法,它提供了一种步骤式的程序来系统地识别、定位和消除质量问题,从根本上解决企业或组织绩效不佳的问题。在实施六西格玛管理的过程中,DMAIC 模型紧紧围绕公司目标有步骤地进行。为了达到公司目标,这一模型往往循环使用,所以这一模型流程又被称为五步循环法。

(1)定义(Define)

在定义阶段,关键是确定项目的范围和目标。团队需要明确问题,设定可量化的改进目标,并识别过程中的关键影响因素。此阶段输出的是一个清晰的项目方案,它概述了项目的期望成果和成功标准。

(2)测量(Measure)

测量阶段关注收集当前过程的数据,建立基线性能指标。在这一阶段,必须确保数据的准确度和可靠性。常用的测量工具包括流程图、直方图和运行图。此外,还可以使用过程能力分析来评估当前过程的性能。

(3)分析(Analyze)

分析阶段的目的是通过统计方法深入理解数据,从而找到问题的根本原因。这可能涉及高级的分析工具,如假设检验、回归分析和方差分析。此阶段的目标是缩小潜在原因列表,并验证最重要的影响因素。

(4)改进(Improve)

在改进阶段,团队将实施解决方案以消除或减少已识别的问题。常用技术包括响应面法(RSM)、设计实验(DOE)和容差设计。此阶段可能会涉及过程重设计或优化,并通过实验验证改进效果。

(5)控制(Control)

控制的目的在于保持改进的效果并防止过程回到旧的状态。在此阶段,将制定过程控制计划,并使用控制图等工具监控过程稳定性。此外,还会标准化过程,确保持续改进。

在各企业进行 DMAIC 过程中,Motorola、GE、6Sigma Plus、Smart Solution 等采用的工作步骤不尽相同,有的采用 6 步法,有的采用 12 步法或 24 步法,但每个阶段的主要内容是大致相同的。常用的 12 步法 DMAIC 流程如表 8-3 所示。

表 8-3　DMAIC 12 步流程表

步骤	描述	工具
定义		
A	明确项目的 CTQ	
B	建立团队章程	
C	定义流程图	
测量		
1	选择 CTQ 特征	顾客、QFD、FMEA
2	定义标准	客户、蓝图
3	测量系统分析	连续数据测量系统 $R\&R$,检验/再检验,属性数据的 $R\&R$
分析		
4	建立流程能力	能力指标
5	定义表现目标	团队、属性参照
6	判定变异源	流程分析、图像分析、假设检验
改进		
7	筛选存在原因	DOE 筛选
8	发现变量关系	因子设计
9	建立操作关系	模拟
控制		
10	定义并验证实际应用中的 X 测量系统	连续数据测量系统 $R\&R$,检验/再检验,属性数据的 $R\&R$
11	确定流程能力	能力参数
12	实施流程控制	控制图,FMEA

8.3　六西格玛设计(DFSS)

六西格玛设计(Design for Six Sigma,DFSS)是一种结合了六西格玛思想和创新设计方法的质量管理方法。它的目标是在产品或服务的设计阶段,通过优化设计过程和减少变异,确保产品或服务达到高质量水平,满足客户需求并最大程度地减少缺陷。

DMADV(Define,Measure,Analyze,Design,Verify)是 DFSS 中最常见的以设计为中心的方法,它基于 DMAIC,专注通过优化设计预防缺陷的产生,而不是在问题发生后解决。这一方法被应用于新产品或流程的开发阶段,强调在设计产品或服务时就考虑质量和顾客需求,包含以下五个阶段(图 8-3):

(1)定义(Define)

DMADV 的定义阶段与 DMAIC 的相同,旨在确定项目的目标和期望的结果,关键是将顾客的需求转化为具体的设计目标。

（2）测量（Measure）

测量阶段注重理解和量化顾客需求及当前过程性能。利用品质功能展开（QFD）等工具把顾客的声音（Voice of the Customer，VoC）转换成具体的设计参数。

（3）分析（Analyze）

分析阶段评估当前设计概念的局限性，并识别潜在的设计改进机会。失效模式及效应分析（FMEA）可在此阶段使用，以预测和降低潜在的风险。

（4）设计（Design）

设计阶段是探索满足顾客需求和设计目标的不同解决方案的过程。此阶段可使用实验设计（DOE）等工具来优化产品性能和过程效率。

（5）验证（Verify）

在验证阶段，需要确认设计是否达到了预定目标并通过测试来证明其性能。同时，还需验证设计的稳健性，确保它在不同条件下仍能维持预期性能。

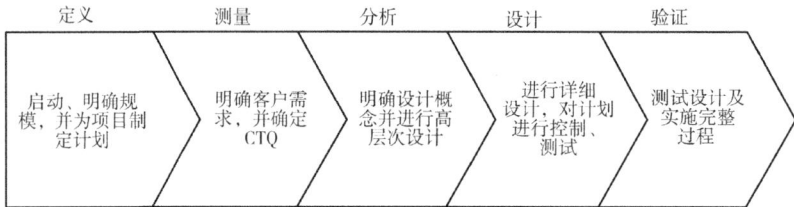

图 8-3 DFSS 路线图

通过应用如图 8-3 的 DFSS 路线，企业可以在产品设计和开发阶段预防潜在质量问题，实现接近六西格玛水平的高质量标准。这些方法强调从项目初期就考虑质量，以避免后续高昂的修改和返工成本。此外，在六西格玛管理实施过程中，DMADV 与 DMAIC 的转换可用图 8-4 来表示。

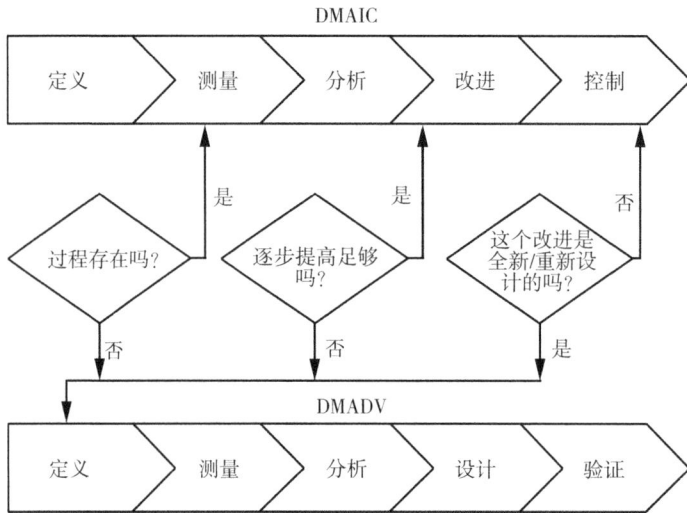

图 8-4 DMAIC/DMADV 转换

8.4 六西格玛管理的主题

六西格玛管理是一套具有"领导地位"的方法系统,可以把其关键要素提炼成七个主题,这些主题是有助于六西格玛管理在业务中发挥作用的初步指导。

1. 主题一:六西格玛管理是一种"管理哲学"

在推动六西格玛管理时,企业要获得巨大成效,必须把六西格玛管理当成一种管理哲学。这个哲学里,有五个重要主旨,每项主旨背后都有很多工具和方法来支持。

①最小的投入,最大的收益。

②一次就做好。

③蛮干不如巧干。

④找出错误的根源,避免错误发生的可能。

⑤"和的天才",这主要指的是一种思维方式,它强调在追求卓越的同时,也能容纳和欣赏其他的优点和特性。这种思维方式鼓励人们在面对问题时,不仅看到其中的挑战和困难,也看到机遇和可能性。具体可以体现在以下几个方面:

a.双重目标追求。在六西格玛管理中,不仅追求质量的显著提升和缺陷率的降低,同时也关注成本的节约和效率的提高。

b.协同与整合。六西格玛管理强调跨部门和跨职能的团队协作,通过不同领域的知识和技能的整合,共同解决问题。

c.持续改进与创新。在六西格玛管理中,持续改进和创新是核心原则。这种思维方式鼓励人们在保持现有优势的同时,不断探索新的方法和途径,以实现更高的目标。

2. 主题二:真诚关心顾客

六西格玛管理把顾客放在第一位。例如,在衡量部门或员工绩效时,必须站在顾客的角度思考。先了解顾客的需求是什么,再针对这些需求来设定企业目标,衡量绩效。

真诚关心顾客还体现在对顾客反馈的高度重视上。六西格玛管理注重数据的收集和分析,而顾客反馈是其中至关重要的一部分。通过收集和分析顾客的反馈意见(表 8-4),企业能够及时发现产品或服务中存在的问题,并采取相应的措施进行改进。这种持续改进的态度,有助于企业不断提升顾客满意度和忠诚度。

表 8-4 顾客信息反馈表

顾客	要求	如何实现	满意度
	顾客的声音!		

3.主题三:根据资料和事实管理

近年来,虽然知识管理渐渐受到重视,但是大多数企业仍然根据意见和假设来作决策。六西格玛管理首先从什么是业务绩效标准化的关键手段入手,了解公司的表现与目标间的差距;接着,它使用统计数据和分析方法来构筑对关键变量和最优目标的理解。

说得更加实际一些,六西格玛管理帮助管理者回答两个重要问题,支持以数据为基础的决策和解决方案。

①企业真正需要的是什么数据和信息?

②如何利用上述信息使得利益最大化?

4.主题四:以流程为重

无论是设计产品,还是提升顾客的满意度,六西格玛管理都把流程当作通往成功的交通工具,这是一种为顾客提供价值与建立竞争优势的方法。

流程(process),是指一个或一系列有规律的行动,这些行动以确定的方式发生或执行,将导致特定结果。简单地说,流程就是将输入转化为输出的一系列活动。公司几乎所有活动都包括一个流程。

流程是单个或一组活动,先获取输入内容,再向内部或外部用户输出。不管公司规模的大小,它每天都利用成千上万的流程创造产品和服务。企业流程有很多种类,包括生产、交易、销售和招聘等各种流程。生产流程是指依靠机器生产,对原材料进行物理加工,并把最终产品交付外部用户的过程;它不包括货运、配送或促销等各种过程。交易流程则为生产流程提供支持,也可作为一个独立、单一的流程而存在,如订购原材料、整理工资单或处理客户订单等。图 8-5 所示为流程略图。

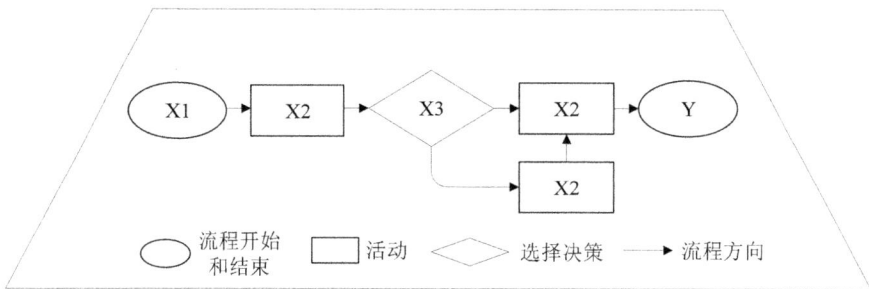

图 8-5　流程略图

SIPOC 是一种描述和分析业务流程的工具,其具体含义如下:

①S——Supplier 供应商,向核心流程提供关键信息、材料或其他资源的组织。

②I——Input 输入,供应商提供的资源等。

③P——Process 过程,使输入发生变化成为输出的一组活动,通过这个流程使输入增加价值。

④O——Output 输出,流程的结果即产品。输出也可能是多样的,但分析流程时必须强调主要输出,哪种输出可以为顾客创造价值就是主要输出。

⑤C——Customer 顾客,接受输出的人、组织或流程,不仅指外部顾客,而且包括内部

顾客。

表 8-5 是一个设备租赁过程的 SIPOC 工作表案例。

表 8-5 SIPOC 工作表

S 供应商	I 输入	P 过程	O 输出	C 顾客
申请人	租赁申请		批准的申请表	申请人
信用调查部门	资质证明		出租的设备	
	信用证明	（见下）	随机文件	
	信用报告		服务信息	

P 过程								
顾客信用调查	➡	设备确认与准备	➡	随机文件的准备	➡	收抵押金	➡	交付

流程设计可以使用 DFSS 法,流程改进可以使用 DMAIC 法。流程设计和改进可以按照洋葱图从外到内进行(图 8-6)。

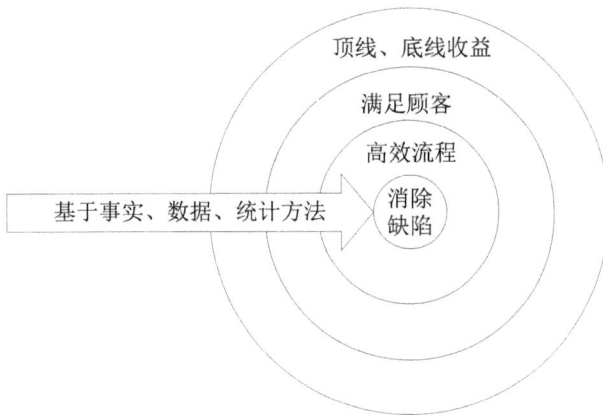

图 8-6 洋葱图

5.主题五:主动管理

主动管理强调企业应具备前瞻性和预见性,而非被动地应对问题。在六西格玛管理中,企业需主动分析现有流程,识别潜在的风险和缺陷,进而制定预防和纠正措施。这种前瞻性思维方式有助于企业在问题发生之前便采取行动,从而避免不必要的损失。

主动管理要求企业持续改进,不断追求卓越。六西格玛管理鼓励企业建立一种持续改进的文化,通过定期评估现有流程、收集和分析数据、实施改进措施,实现流程的优化和质量的提升。这种持续改进的态度使企业能够不断适应市场变化,提高竞争力。

主动管理体现在企业对待员工的态度上。六西格玛管理强调员工的参与和合作,鼓励员工主动发现问题、提出改进意见,并参与到改进项目的实践中。这种管理方式能够激发员工的积极性和创造力,提高员工的满意度和忠诚度,进而促进企业的整体发展。

总的来说,六西格玛管理中的主动管理强调前瞻性、持续改进和员工参与,这些特点使得企业能够更好地应对挑战、提升质量、降低成本,并最终实现业务增长和市场竞争力的提升。

6. 主题六：协力合作无界限

协力合作无界限主要体现在六西格玛管理的核心理念和实践方法中。六西格玛管理作为一种追求卓越的管理策略，不仅强调对内部流程的精细控制，更注重跨部门、跨领域的深度合作，以打破传统界限，实现整体性能的优化。

从组织结构的角度来看，六西格玛管理打破了传统的部门壁垒，鼓励不同部门之间的人员进行深度合作。这种无界限的合作模式有助于打破信息孤岛，实现资源共享和优势互补，从而提升整体的工作效率和效果。

注重跨职能团队的建设。在六西格玛管理项目中，通常会推动不同职能背景的人员组成团队，共同解决复杂问题。这种跨职能团队的组建有助于集思广益，从不同的角度和层面分析问题，提出更加全面和有效的解决方案。

强调与供应商、客户等外部合作伙伴的紧密合作。通过与供应商建立紧密的合作关系，企业可以确保原材料和零部件的质量，降低采购成本，提高供应链的可靠性。同时，与客户保持紧密的沟通与合作，有助于企业更好地了解市场需求和客户期望，从而提供更加符合市场需求的产品和服务。

综上所述，协力合作无界限的理念和实践方法有助于打破传统界限，促进企业内部和外部的深度合作，实现整体性能的优化和提升。这种合作模式不仅有助于解决复杂问题，还能够推动企业的持续创新和发展。

7. 主题七：追求卓越，但容忍失败

要求企业在追求卓越的同时，保持对失败的积极态度和包容心态，从失败中学习，不断积累经验和智慧，实现持续改进和创新。

8.5 六西格玛组织结构与职责

8.5.1 六西格玛组织结构

六西格玛组织是推进六西格玛管理的基础，其成员结构如图 8-7 所示。

（1）质量领导（QL）

一般由企业的高级管理人员组成，如总裁、总经理、副总经理等，大多数为兼职，是推行六西格玛管理的关键因素。

①领导整个六西格玛项目；

②筛选项目、保证跨部门执行；

③决定该做什么，检查实施进展；

④管理 MBB/BB；

⑤六西格玛的变革者，须接受 3～5 周培训。

（2）主黑带（MBB）

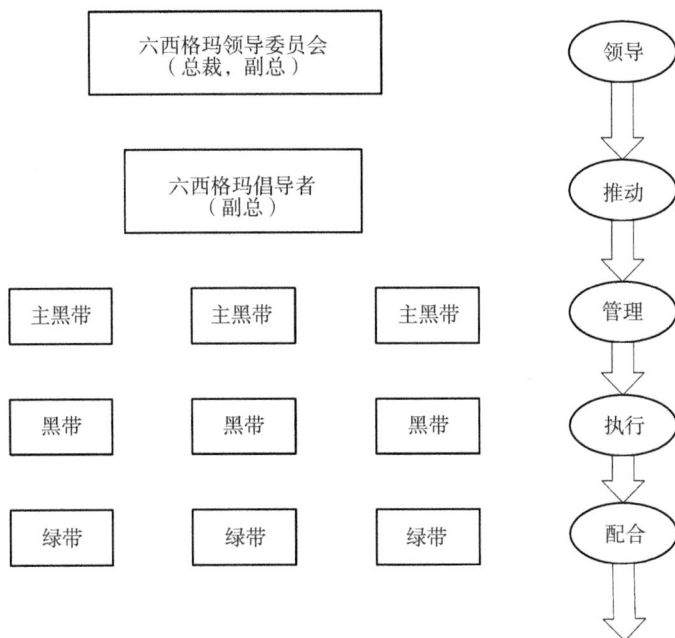

图 8-7　六西格玛组织人员结构

主黑带为全职的六西格玛管理人员,与质量领导一起协调六西格玛项目的选择和培训。

①培训 BB/GB;

②保证六西格玛标准,评审六西格玛项目;

③六西格玛的变革者,须接受 4～6 周培训。

(3)黑带(BB)

企业全面推行六西格玛管理的中坚力量,一般为全职管理人员。

①领导多个项目;

②独立开展项目;

③培训,辅助 GB 开展项目;

④六西格玛的变革者,须接受 4 周封闭培训。

(4)绿带(GB)

企业内部推行六西格玛管理众多底线收益项目的负责人,一般为兼职人员,通常是企业各基层部门的骨干或负责人。

①学习六西格玛方法论;

②注重六西格玛方法的应用;

③须接受 1～2 周培训。

8.5.2　黑带的选拔与培训

黑带是六西格玛变革中的中坚力量,指具有精湛技艺和本领的人。他们是企业中全面推行六西格玛的关键角色,负责具体执行和推广六西格玛管理,同时肩负培训绿带的任务。

一般情况下,一个黑带一年需培训 100 位绿带。

黑带的选拔通常基于一系列严格的标准和程序。以下是选拔六西格玛黑带时需要考虑的一些关键因素:

(1)教育背景与工作经验

通常,六西格玛黑带候选人需要具备学士学位,并至少拥有 5 年的工作经验,其中至少有 2 年的管理层经验。这些要求确保了候选人具备足够的专业知识和实践经验来应对六西格玛项目中的复杂挑战。

(2)领导力与团队协作能力

六西格玛黑带需要能够领导和指导团队,因此领导力是选拔过程中的重要考量因素。此外,候选人还需要具备良好的人际交往和沟通能力,以确保团队成员之间的有效协作。

(3)六西格玛管理知识与技能

候选人应具备一定的六西格玛管理基础知识,包括 DMAIC(定义、测量、分析、改进和控制)流程、统计工具的应用等。这些知识和技能是成功实施六西格玛项目的关键。

六西格玛黑带的培训,通常包括以下几个方面:

(1)DMAIC 工具与技术

候选人应深入了解 DMAIC 流程,并学习如何将其应用于实际项目中。通过培训,候选人能够熟练掌握 DMAIC 步骤的应用,以帮助企业改善业务流程、提高生产质量和效率。

(2)领导力与团队协作能力

培训将着重提升候选人的领导力和团队协作能力。候选人将学习如何激励团队成员、协调各方资源、处理冲突以及推动项目成功。

(3)统计工具的应用

候选人应学习并掌握各种统计工具,如控制图、正态分布分析和假设检验等。这些工具将帮助候选人更好地分析数据、优化工艺和监控过程。

(4)项目管理与实施

培训将涵盖项目管理的关键要素,包括项目规划、资源分配、风险管理等。候选人将学习如何有效地规划和管理六西格玛项目,以确保项目顺利实施和目标的达成。

8.6 六西格玛的推行

六西格玛的推行总体上可以概括为四个阶段,分别是评估设计阶段、规划建设阶段、培训实施阶段以及扩展深化阶段。

1. 评估设计阶段

在这一阶段,组织高层领导须明确表达对六西格玛的支持,并作为六西格玛的倡导者来制定实施六西格玛的规划和战略目标,具体内容有:

①确立愿景与目标;

②确立实施规模;

③制定推进方案；

④六西格玛管理总论培训与高管培训。

2. 规划建设阶段

在这一阶段，首先要对项目进行选择与评审，以预估项目的收益，主要内容有：

①项目选择（图 8-8）；

②BB/GB 选择；

③确定薪酬体系；

④确定奖励机制；

⑤确定六西格玛运行流程。

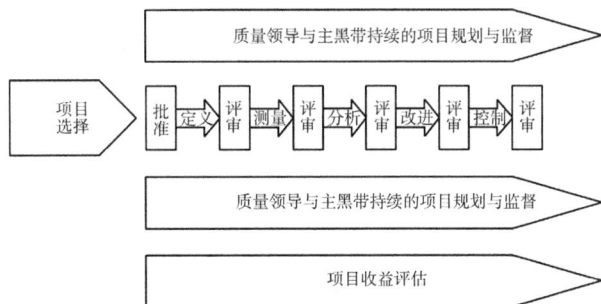

图 8-8 项目选择流程

在项目选择过程中，矩阵图是一种常用的工具。所谓矩阵图（matrix diagrams），就是从问题的各种关系中找出成对要素，并按数学上矩阵的形式，把问题及与其有对应关系的各个因素按行和列排成图，并在其交点处标出两者之间的关系，从中确定关键点的方法，如表 8-6 所示。

表 8-6 矩阵图在六西格玛项目选择中的应用

	对质量的影响	对运转周期的影响	对成本的影响	对管理水平的影响	项目排序
项目 1	◎	○	◎	△	1
项目 2	○	◎	○	○	2
项目 3	○		△	◎	3
项目 4		○	○	△	4

注：◎—强相关；○—较强相关；△—弱相关。

3. 培训实施阶段

该阶段主要对项目中各个组织人员进行培训，对质量领导、主黑带、黑带、绿带等进行 DMAIC、DFSS、各种统计工具的培训（图 8-9）。

黑带是六西格玛管理中的中坚力量，具有精湛技艺和本领。他们是企业全面推行六西格玛的关键角色，一般需要接受为期四周的培训，表 8-7 详细介绍了黑带的培训内容。

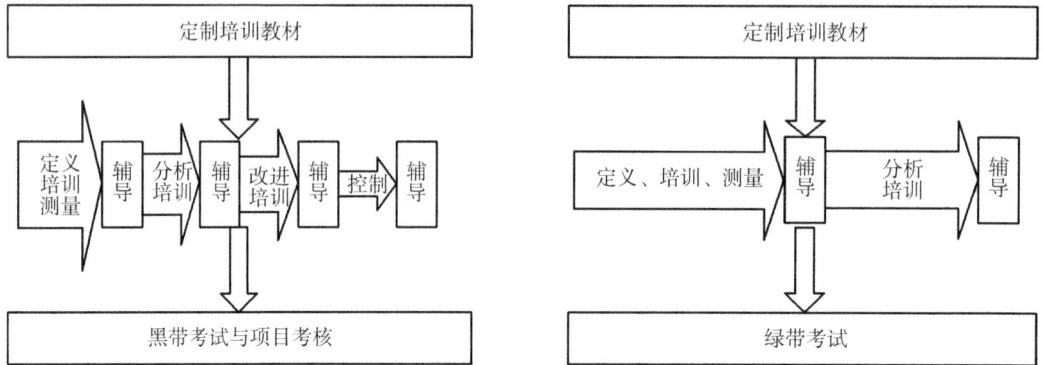

图 8-9　培训流程

表 8-7　黑带培训计划表

题目	六西格玛管理总论及定义阶段	测量阶段	分析阶段	改进阶段	控制阶段	能力改进阶段
时间	1 天	4 天	5 天	5 天	3 天	3 天
内容	1. DMAIC 方法简介及案例串讲； 2. 顾客之声工具； 3. 流程图工具； 4. 项目章程； 5. ARMI 工具	1. CTQ 树； 2. 数据收集计划； 3. 绩效计划； 4. 测量系统分析； 5. 理解误差； 6. 水平比较； 7. 流程能力和六西格玛计算	1. 建立流程能力； 2. 订立绩效目标； 3. 鉴别差异源； 4. 能力指数； 5. 流程分析； 6. 图形分析； 7. 假设检验； 8. 多变量分析； 9. 正态理论； 10. 回归分析； 11. GLM 线性模型	1. 筛选潜在原因； 2. 确定变量关系； 3. 制定操作公差； 4. 实施计划； 5. DOE 筛选； 6. 因子设计； 7. 模拟	1. 定义并验证 X 的测量分析系统； 2. 确定流程能力； 3. 执行流程统计控制； 4. 能力指数； 5. 防错法； 6. 统计过程控制； 7. FMEA； 8. 持续方案	1. 六西格玛项目管理； 2. 变革管理训练； 3. 领导能力训练； 4. 精益概念； 5. 团队建设； 6. 有效团队； 7. 影响他人训练

4. 扩展深化阶段

在六西格玛项目管理的持续实施中,扩展和深化是一个持续的过程,可能贯穿于上述各个阶段,将六西格玛的方法和原则进一步融入企业的日常运营和管理中,通过扩展其应用范围、深化其实施层次,以实现更大的效益和更持久的成功。具体来说,扩展深化阶段包括以下几个方面的工作:

①将六西格玛方法应用于更多的业务流程和产品中,以进一步消除缺陷、提高质量和效率。

②深化对六西格玛理念和工具的理解和应用,提升员工的技能和素质,以更好地支持持续改进和创新。

③加强与其他管理方法和工具的整合,形成更加全面和系统的管理体系,以提升企业的整体竞争力。

思考题

1. 六西格玛管理推行成功的最关键因素是(　)

A. 培训

B. 组织结构

C. 领导支持和参与

D. 项目计划

2. 关于六西格玛管理和零缺陷管理之间的关系,正确的是(　)

A. 零缺陷是比六西格玛质量目标要求更高的管理模式

B. 零缺陷不容忍缺陷,但是六西格玛容忍百万分之3.4的缺陷

C. 六西格玛管理所追求的目标也是零缺陷

D. 以上说法都不对

3. 某企业 6σ 小组为了获取顾客对企业提供的服务的反馈信息,建立了呼叫中心并收集顾客投诉信息。3—5月份该企业服务的顾客为6000人,而投诉的顾客只有6人,同时该小组对投诉顾客进行了分析,发现回头客只有1%,重复购买率很低。基于这一结果,正确的结论是(　)

A. 以上数据矛盾,数据一定有问题

B. 投诉率为0.1%,说明满意率为99.9%

C. 顾客满意度与是否重复购买之间一定没有关系

D. 投诉率为0.1%,不代表满意率为99.9%

4. 下表表示某企业拟选的六西格玛项目及项目选择需要考虑的因素和权重,请根据下表,选出项目优先顺序(从高到低)的正确排序(　)

	对质量的影响(0.5)	对周期的影响(0.2)	对成本的影响(0.2)	对管理水平的影响(0.1)
项目1	◎	△		△
项目2		◎	△	○
项目3	○	△	△	◎
项目4	△	○	○	

注:◎—强相关(9分);○—较强相关(3分);△—弱相关(1分)。

A. 项目1、项目3、项目4、项目2

B. 项目2、项目4、项目1、项目3

C. 项目1、项目3、项目2、项目4

D. 项目1、项目2、项目3、项目4

参考文献

［1］贾新章,游海龙,顾铠,等.统计过程控制理论与实践:SPC、Cpk、DOE、MSA、PPM技术［M］.北京:电子工业出版社,2017.

［2］赵爽.排列图与分层法在项目质量控制中的综合应用［J］.通化师范学院学报,2018,39(2):25-28.

［3］袁付礼.质量管理学［M］.3 版.武汉:武汉理工大学出版社,2018.

［4］周纪芗,茆诗松.质量管理统计方法［M］.2 版.北京:中国统计出版社,2008.

［5］王敏华.统计质量控制［M］.北京:中国质检出版社,2014.

［6］罗国勋.质量管理与可靠性［M］.北京:高等教育出版社,2005.

［7］托马斯·福斯特.质量管理:集成的方法［M］.何桢,译.北京:中国人民大学出版社,2005.

［8］张公绪.新编质量管理学［M］.北京:高等教育出版社,1998.

［9］顾钟毅,李德涛.质量检验基础［M］.北京:中国标准出版社,2004.

［10］陈国铭.统计质量控制 6:实验设计［M］.北京:中国石化出版社,1995.

［11］韩福荣.现代质量管理学［M］.3 版.北京:机械工业出版社,2012.

［12］苏秦.质量管理与可靠性［M］.北京:机械工业出版社,2006.

［13］杨军,丁文兴,马小兵,等.统计质量控制［M］.北京:中国标准出版社,2012.

［14］何桢,中国质量协会.六西格玛管理［M］.3 版.北京:中国人民大学出版社,2014.